本書係「敦煌文獻系統性保護整理出版工程」項目成果

二〇二一—二〇三五年國家古籍工作規劃重點出版項目

「十四五」國家重點出版物出版規劃項目

國家古籍整理出版專項經費資助項目

中國國家圖書館藏敦煌文獻

中國國家圖書館 編

第二五册

BD00339 ~ BD00353

國家圖書館出版社

DUNHUANG MANUSCRIPTS IN THE NATIONAL LIBRARY OF CHINA

025

BD00339 ~ BD00353

compiled by the

National Library of China

National Library of China Publishing House

顧問 方廣錩 郝春文 榮新江 李際寧

編纂出版 張志清 魏崇 陳紅彦 殷夢霞 薩仁高娃
謝冬榮 劉波 林世田 廖生訓

編纂 林世田 薩仁高娃 常蓋心 于瑞 劉毅超
劉波 劉炳梅 周升川 劉婷 程佳羽
沈艷麗 高雅

編輯 潘竹 程魯潔 黄鑫 苗文葉

審稿 孫彦 耿素麗 宋志英 鄧咏秋

凡例

一　本書刊布中國國家圖書館藏敦煌文獻，以館藏編號爲序編排。

二　館藏編號采用「BD+流水號」格式，如BD00001, BD16579等。背面在編號後加v表示。一個編號包含多件文獻者，編號後分別綴以字母A, B, C等。一件文獻含有多個内容者，以數字-1, -2, -3等標明順序。

三　圖版有縮印或放大處另加説明，尺寸超出本書幅面的以摺葉形式呈現。

四　卷軸裝、梵夾裝、經摺裝等裝幀形制的敦煌文獻，各附外觀圖像。

五　每件文獻依次呈現外觀、正面、背面等。背面僅刊布有文字、圖像或其他要素的圖版，而略去素紙部分，背面圖版同樣以從右到左順序編排。凡有外題者，遵從以上原則。

六　除個別特殊情況外，爲保證閲讀連貫、流暢，圖版儘量通欄呈現。

七　各葉上方附該件文獻全圖，以高亮形式顯示本葉大圖在全卷中的位置。部分長卷文獻全圖衹能分多段呈現時，在上段末以符標示下段接續。卷尾内容不足一葉時，文獻全圖使用該圖卷尾部分，亦以符標示。背面圖版文字與正面文字方向相反時，文獻全圖按原貌顯示，正文翻轉呈現，以便閲讀研究，用符標示。

八　文獻題名大體沿用中國國家圖書館此前所編多部敦煌文獻目録的考證，部分吸收學界最新研究成果略作調整和完善。文獻題名綜合參考原卷首題、尾題、外題確定，如原卷題名與該文獻正式名稱不同，則采用正式名稱；無題名者，或比定題名，或擬定新名。非漢文文獻在題名前標注語種。有分卷不同等其他情況者，括注於文獻名稱後。

九　本書著録使用通行繁體字，涉及原文中的人名、地名等，必要時保留原字形。

About this publication

1. The documents are presented in shelfmark order.
2. The shelfmarks are in the form BD plus a running number, eg. BD00001, BD16579, &c. If a given shelfmark contains multiple documents, these are distinguished by the letters A, B, C, &c. If a document has multiple contents, they are distinguished by the numbering 1, 2, 3, &c. The verso side of an item is indicated by the letter v.
3. If it has been necessary to reduce or enlarge the size of an illustration, the dimensions are indicated. If the size of an illustration exceeds the size of the book, a folding sheet is used.
4. If the document is a scroll, a folded sutra, or has a stitched binding, a picture of the whole object is provided to show its external appearance.
5. The cover, front, and back of each document are reproduced in sequence. The back of a document is only reproduced if it contains text, illustrations, or other markings, and it is oriented from right to left. If it is blank it is not reproduced.
6. Except in a few special cases, the lines of text are reproduced unbroken to make them coherent and easier to read.
7. An illustration of the complete document is reproduced at the top of each page, and the section where the main illustration appears is highlighted in order to indicate its position. If it has only been possible to reproduce a long scroll in sections, the direction symbol has been used to indicate where one illustration ends and the next one begins. If the end of the scroll occupies less than one page, the direction symbol is used to indicate its position in the illustration of the complete document. If the text on the back of the document has a different orientation from the text on the front, it is reproduced as it is, but is also rotated (indicated with the rotation symbol) so that it can be read easily.
8. The titles of the documents generally conform with those already established by the Library, but in some cases have been amended by drawing on the most recent scholarly research. The titles are derived firstly from the beginning of the text, then from the end of the text, and lastly from the cover. If the title of a document differs from its authoritative form, the authoritative form is used; and if a document has no title, one is either supplied by comparison with similar documents, or a new one is devised. If the document is not in Chinese, its language is indicated before the title. If the number of juan is different from that of the authoritative version, or if there are other irregularities, this is noted.
9. The documents in the book are in traditional Chinese characters. Where the title contains personal or place names, the original characters used for these names are retained.

(Translated by David Helliwell)

第二五册目録

凡例 一
About this publication 三
BD00339 妙法蓮華經卷三 二
BD00340 妙法蓮華經卷五 四〇
BD00341 金剛般若波羅蜜經 四八
BD00342-1 雜阿含經卷三二 五六
BD00342-2 阿毗達磨大毗婆沙論卷八一 五六
BD00342-3 中阿含經卷五一 五六
BD00342-4 阿毗達磨大毗婆沙論卷六二 五八
BD00342-5 雜阿含經卷四七 五八
BD00342-6 雜阿含經卷二二 五八

BD00342-7 阿毗達磨大毗婆沙論卷第一百六十一等雜寫 六二
BD00342-8 阿毗達磨大毗婆沙論卷八二 六二
BD00342-9 阿毗曇毗婆沙論卷二一 六四
BD00342v-1 阿毗達磨大毗婆沙論卷六二 六六
BD00342v-2 雜阿含經卷四〇 六六
BD00342v-3 雜阿含經卷第一題名雜寫 六六
BD00342v-4 阿毗達磨大毗婆沙論卷六二 六六
BD00343 佛名經（十六卷本）卷九 七〇
BD00344 大乘入楞伽經并序（空號）
BD00345 大般若波羅蜜多經卷二一二 一二六
BD00345v 勘記 一三八
BD00346 大般若波羅蜜多經卷七九 一四〇
BD00347 妙法蓮華經卷六 一四四
BD00348 金剛般若波羅蜜經 一八二
BD00349 大方廣佛華嚴經卷四七 一九八

BD00349v	大方廣佛華嚴經卷四七	二〇〇
BD00350	妙法蓮華經卷六	二〇二
BD00351	大佛頂如來密因修證了義諸菩薩萬行首楞嚴經卷五	二五〇
BD00352	妙法蓮華經卷三	二七四
BD00353	金剛般若波羅蜜經	二八六

BD00339 妙法蓮華經卷三

（後秦）鳩摩羅什 譯

838.5cm × 26.9cm

子善哉善哉
德誠如所言如來
汝等若於无量億
劫說不能盡迦[illegible]如來是諸法之王若
有所說皆不虛也於一切法以智方便而演
說之其所說法皆悉到於一切智地如來
觀知一切諸法之所歸趣亦知一切衆生深心所
行通達无㝵又於諸法究盡明了示諸衆
生一切智慧迦葉譬如三千大千世界山川
谿谷土地所生卉木叢林及諸藥草小根
小莖小枝小葉中根中莖中根中莖大根大
莖大枝大葉諸樹大小隨上中下各有
所受一雲所雨稱其種性而得生長華果
敷實雖一地所生一雨所潤而諸草木各

大雲遍覆三千大千國土於大衆中而唱是
言我是如来應供正遍知明行足善逝世間
解无上士調御丈夫天人師佛世尊未度者
令度未解者令解未安者令安未涅槃者令
得涅槃今世後世如實知之我是一切知者一
切見者知道者開道者說道者汝等天人
阿脩羅衆皆應到此爲聽法故尒時无數千
万億種衆生来至佛所而聽法如来于時觀
是衆生諸根利鈍精進懈怠隨其所堪而爲
說法種種无量皆令歡喜快得善利是諸衆
生聞是法已現世安隱後生善處以道受樂
亦得聞法既聞法已離諸鄣礙於諸法中任力
所能漸得入道如彼大雲雨於一切卉木叢林
及諸藥草如其種性具足蒙潤各得生長
如来說法一相一味所謂解脫相離相滅
相究竟至於一切種智其有衆生聞如来法

BD00339　妙法蓮華經卷三

如来說法一相一味所謂解脫相離相滅
相究竟至於一切種智其有衆生聞如来法
若持讀誦如說脩行所得功德不自覺知所
以者何唯有如来知此衆生種相體性念何
事思何事脩何事云何念云何思云何脩以
何法念以何法思以何法脩以何法得何法衆
生住於種種之地唯有如来如實見之明了
无閡如彼卉木叢林諸藥草等而不自知
上中下性如来知是一相一味之法所謂解脫
相離相滅相究竟湼槃常寂滅相終歸
於空佛知是已觀衆生心欲而將護之是故不
即為說一切種智汝等迦葉甚為希有能
知如来隨宜說法難信難受所以者何諸
佛世尊隨宜說法難解難知尒時世尊欲重
宣此義而說偈言
破有法王　出現世間　隨衆生欲　種種說法

是故迦葉　隨力為說　以種種緣　令得正見
迦葉當知　譬如大雲　起於世間　遍覆一切
慧雲含潤　電光晃耀　雷聲遠震　令衆悅豫
日光掩蔽　地上清涼　靉靆垂布　如可承攬
其雨普等　四方俱下　流澍无量　率土充洽
山川險谷　幽邃所生　卉木藥草　大小諸樹
百穀苗稼　甘蔗蒲萄　雨之所潤　无不豐足
乾地普洽　藥木並茂　其雲所出　一味之水
草木叢林　隨分受潤　一切諸樹　上中下等
稱其大小　而得生長　根莖枝葉　華菓光色
一雨所及　皆得鮮澤　如其體相　性分大小
所潤是一　而各滋茂　佛亦如是　出現於世
譬如大雲　普覆一切　既出于世　為諸衆生
分別演說　諸法之實　大聖世尊　於諸天人
一切衆中　而宣是言　我為如來　兩足之尊
出于世間　猶如大雲　充潤一切　枯槁衆生

一切衆中　而宣是言　我爲如来　兩足之尊
出于世間　猶如大雲　充潤一切　枯槁衆生
皆令離苦　得安隱樂　世間之樂　及涅槃樂
諸天人衆　一心善聽　皆應到此　覲无上尊
我爲世尊　无能及者　安隱衆生　故現於世
爲大衆說　甘露淨法　其法一味　解脫涅槃
以一妙音　演暢斯義　常爲大乘　而作因緣
我觀一切　普皆平等　无有彼此　愛憎之心
我无貪著　亦无限閡　恒爲一切　平等說法
如爲一人　衆多亦然　常演說法　曾无他事
去来坐立　衆不疲猒　充足世間　如雨普潤
貴賤上下　持戒毀戒　威儀具足　及不具足
正見邪見　利根鈍根　等雨法雨　而无懈惓
一切衆生　聞我法者　隨力所受　住於諸地
或處人天　轉輪聖王　釋梵諸王　是小藥草
知无漏法　能得涅槃　起六神通　及得三明

又諸佛子 專心佛道 常行慈悲 自知作佛
決定无疑 是名小樹 安住神通 轉不退輪
度无量億 百千衆生 如是菩薩 名為大樹
佛平等說 如一味雨 隨衆生性 所受不同
如彼草木 所稟各異 佛以此喻 方便開示
種種言辭 演說一法 於佛智慧 如海一渧
我雨法雨 充滿世間 一味之法 隨力脩行
如彼藂林 藥草諸樹 隨其大小 漸增茂好
諸佛之法 常以一味 令諸世間 普得具足
漸次脩行 皆得道果 聲聞緣覺 處於山林
住最後身 聞法得果 是名藥草 各得增長
若諸菩薩 智慧堅固 了達三界 求最上乘
是名小樹 而得增長 復有住禪 得神通力
聞諸法空 心大歡喜 放无數光 度諸衆生
是名大樹 而得增長 如是迦葉 佛所說法
譬如大雲 以一味雨 潤於人華 各得成實

是名大樹　而得增長　如是迦葉　佛所說法
譬如大雲　以一味雨　潤於人華　各得成實
迦葉當知　以諸因緣　種種譬喻　開示佛道
是我方便　諸佛亦然　今為汝等　說冣實事
諸聲聞衆　皆非滅度　汝等所行　是菩薩道
漸漸脩學　悉當成佛

妙法蓮華經授記品第六

尒時世尊說是偈已告諸大衆唱如是言我此
弟子摩訶迦葉於未來世當得奉覲三百万
諸佛世尊供養恭敬尊重讚歎廣宣諸佛
无量大法於冣後身得成為佛名曰光明
如來應供正遍知明行足善逝世間解无
上士調御丈夫天人師佛世尊國名光德劫
名大莊嚴佛壽十二小劫正法住世二十小劫
像法亦住二十小劫國界嚴飾无諸穢惡凡
礫荊棘便利不淨其土平正无有高下坑

千万億諸聲聞衆亦復无數无有魔事雖有魔
及魔民皆護佛法尒時世尊欲重宣此義而說
偈言
告諸比丘　我以佛眼　見是迦葉　於未來世
過无數劫　當得作佛　而於來世　供養奉覲
三百万億　諸佛世尊　為佛智慧　淨脩梵行
供養最上　二足尊已　脩集一切　无上之慧
於最後身　得成為佛　其土清淨　瑠璃為地
多諸寶樹　行列道側　金繩界道　見者歡喜
常出好香　散衆名華　種種奇妙　以為莊嚴
其地平政　无有丘坑　諸菩薩衆　不可稱計
其心調柔　逮大神通　奉持諸佛　大乘經典
諸聲聞衆　无漏後身　法王之子　亦不可計
乃以天眼　不能數知　其佛當壽　十二小劫
正法住世　二十小劫　像法亦住　二十小劫

正法住世　二十小劫　像法亦住　二十小劫
光明世尊　其事如是
尒時大目揵連須菩提摩訶迦栴延等皆悉
悚慄一心合掌瞻仰尊顏目不暫捨即共同聲
而說偈言
大雄猛世尊　諸釋之法王　哀愍我等故　而賜佛音聲
若知我深心　見為授記者　如以甘露灑　除熱得清涼
如從飢國來　忽遇大王饍　心猶懷疑懼　未敢即便食
若復得王教　然後乃敢食　我等亦如是　每惟小乘過
不知當云何　得佛无上慧　雖聞佛音聲　言我等作佛
心尚懷憂懼　如未敢便食　若蒙佛授記　尒乃快安樂
大雄猛世尊　常欲安世間　願賜我等記　如飢須教食
尒時世尊知諸大弟子心之所念告諸比丘
是須菩提於當來世奉覲三百万億那由
他佛供養恭敬尊重讚歎常脩梵行具菩薩
道於冣後身得成為佛号曰名相如來應供正遍
知明行足善逝世間解无上士調御丈夫天人

地寶樹莊嚴无諸丘坑沙礫荊棘便利之穢寶
華覆地周遍清淨其土人民皆處寶臺珎妙
樓閣聲聞弟子无量无邊筭數譬喻所不能
知諸菩薩衆无數千万億那由他佛壽十二小劫
正法住世二十小劫像法亦住二十小劫其佛常
處虛空為衆說法度脫无量菩薩及聲聞衆
尒時世尊欲重宣此義而說偈言
諸比丘衆　今告汝等　皆應一心　聽我所說
我大弟子　須菩提者　當得作佛　号曰名相
當供无數　万億諸佛　隨佛所行　漸具大道
最後身得　三十二相　端政殊妙　猶如寶山
其佛國土　嚴淨第一　衆生見者　无不愛樂
佛於其中　度无量衆　其佛法中　多諸菩薩
皆悉利根　轉不退輪　彼國常以　菩薩莊嚴
諸聲聞衆　不可稱數　皆得三明　具六神通
住八解脫　有大威德　其佛說法　現於无量

諸聲聞衆　不可稱數　皆得三明　具六神通
住八解脫　有大威德　其佛說法　現於无量
神通變化　不可思議　諸天人民　數如恒沙
皆共合掌　聽受佛語　其佛當壽　十二小劫
正法住世　二十小劫　像法亦住　二十小劫
尒時世尊復告諸比丘衆我今語汝是大迦
旃延於當來世以諸供具供養奉事八千億
佛恭敬尊重諸佛滅後各起塔廟高千由旬縱
廣正等五百由旬皆以金銀瑠璃車璖馬瑙
真珠玫瑰七寶合成衆華瓔珞塗香末香
燒香繒蓋幢幡供養塔廟過是已後當復供
養二万億佛亦復如是供養是諸佛已具菩
薩道當得作佛號曰閻浮那提金光如來應
供正遍知明行足善逝世間解无上士調御丈
夫天人師佛世尊其土平正頗梨爲地寶
樹莊嚴黃金爲繩以界道側妙華覆地周

万億莊嚴其國佛壽十二小劫正法住世二十小
劫像法亦住二十小劫尒時世尊欲重宣此
義而說偈言
諸比丘衆　皆一心聽　如我所說　真實无異
是迦旃延　當以種種　妙好供具　供養諸佛
諸佛滅後　起七寶塔　亦以華香　供養舍利
其冣後身　得佛智慧　成等正覺　國土清淨
度脫无量　万億衆生　皆為十方　之所供養
佛之光明　无能勝者　其佛号曰　閻浮金光
菩薩聲聞　斷一切有　无量无數　莊嚴其國
尒時世尊復告大衆我今語汝是大目揵連當
以種種供具供養八千諸佛恭敬尊重諸佛
佛滅後各起塔廟高千由旬縱廣正等五百
由旬以金銀瑠璃車𤦲馬瑙真珠玫瑰七寶合
成衆華瓔珞塗香末香燒香繒蓋幢幡以用
供養過是已後當復供養二百万億諸佛

以衆華瓔珞塗香末香燒香繒蓋幢幡
供養過是已後當復供養二百万億諸佛
亦復如是當得成佛号曰多摩羅跋旃檀香
如来應供正遍知明行足善逝世間解无上
士調御丈夫天人師佛世尊劫名喜滿国名
意樂其土平正頗梨爲地寶樹莊嚴散真珠
華周遍清淨見者歡喜多諸天人菩薩聲聞
其數无量佛壽二十四小劫正法住世四十小劫
像法亦住四十小劫尒時世尊欲重宣此義
而說偈言

我此弟子　大目揵連　捨是身已　得見八千
二百万億　諸佛世尊　爲佛道故　供養恭敬
於諸佛所　常脩梵行　於无量劫　奉持佛法
諸佛滅後　起七寶塔　長表金剎　香華伎樂
而以供養　諸佛塔廟　漸漸具足　菩薩道已
於意樂国　而得作佛　号多摩羅　旃檀之香

菩薩无數　志固精進　於佛智慧　皆不退轉
佛滅度後　正法當住　四十小劫　像法亦尒
我諸弟子　威德具足　其數五百　皆當授記
於未來世　咸得成佛　我及汝等　宿世因緣
吾今當說　汝等善聽

妙法蓮華經化城喻品第七

佛告諸比丘乃往過去无量无邊不可思
議阿僧祇劫尒時有佛名大通智勝如來
應供正遍知明行足善逝世間解无上士調御
丈夫天人師佛世尊其國名好城劫名大相諸
比丘彼佛滅度已來甚大久遠譬如三千大
千世界所有地種假使有人磨以為墨過於
東方千國土乃下一點大如微塵又過千國土
復下一點如是展轉盡地種墨於汝等意云何是
諸國土若算師若算師弟子能得邊際知
其數不不也世尊諸比丘是人所經國土若點

諸國土若算師若算師弟子能得邊際知
其數不不也世尊諸比丘是人所經國土若點
不點盡末爲塵一塵一劫彼佛滅度已來復過
是數无量无邊百千万億阿僧祇劫我以如
來知見力故觀彼久遠猶若今日尒時世尊
欲重宣此義而說偈言
我念過去世　无量无邊劫　有佛兩足尊　名大通智勝
如人以力磨　三千大千土　盡此諸地種　皆悉以爲墨
過於千國土　乃下一塵點　如是展轉點　盡此諸塵墨
如是諸國土　點與不點等　復盡末爲塵　一塵爲一劫
此諸微塵數　其劫復過是　彼佛滅度來　如是无量劫
如來无㝵智　知彼佛滅度　及聲聞菩薩　如見今滅度
諸比丘當知　佛智淨微妙　无漏无所㝵　通達无量劫
佛告諸比丘大通智勝佛壽五百四十万億
那由他劫其佛本坐道場破魔軍已垂得阿

諸佛法猶不在前尒時忉利諸天先爲彼佛
於菩提樹下敷師子座高一由旬佛於此座
當得阿耨多羅三藐三菩提適坐此座時諸
梵天王雨衆天華面百由旬香風時來吹去萎
華更雨新者如是不絶滿十小劫供養於佛
乃至滅度常雨此華四王諸天爲供養佛常
擊天鼓其餘諸天作天伎樂歌歎於佛滿十
小劫至于滅度亦復如是諸比丘大通智勝佛
過十小劫諸佛之法乃現在前成阿耨多羅
三藐三菩提其佛未出家時有十六子其第一
者名曰智積諸子各有種種珍異玩好之具
聞父得成阿耨多羅三藐三菩提皆捨所珍往
往詣佛所諸母涕泣而隨送之其祖轉輪聖
王與一百大臣及餘百千万億人民皆共圍遶
隨至道場咸欲親近大通智勝如來供養恭
敬尊重讚歎到已頭面禮足遶佛畢已一心合

王與一百大臣及餘百千万億人民皆共圍遶
隨至道場咸欲親近大通智勝如來供養恭
敬尊重讚歎到已頭面礼足遶佛畢已一心合
掌瞻仰世尊以偈頌曰
大威德世尊　爲度衆生故　於无量億歲　尒乃得成佛
諸願已具足　善哉吉无上　世尊甚希有　一坐十小劫
身體及手足　寂然安不動　其心常惔怕　未曾有散亂
究竟永寂滅　安住无漏法　今者見世尊　安隱成佛道
我等得善利　稱慶大歡喜　衆生常苦惱　盲冥無導師
不識苦盡道　不知求解脫　長夜增惡趣　減損諸天衆
從冥入於冥　永不聞佛名　今佛得最上　安隱无漏法
我等及天人　爲得最大利　是故咸稽首　歸命无上尊
尒時十六王子偈讚佛已勸請世尊轉於法輪
咸作是言世尊說法多所安隱憐愍饒益諸
天人民重說偈言
世雄无等倫　百福自莊嚴　得无上智慧　願爲世間說

亦知所行道　又知智慧力　欲樂及脩福　宿命所行業
世尊悉知已　當轉无上輪
佛告諸比丘大通智勝佛得阿耨多羅三藐三
菩提時十方各五百万億諸佛世界六種震動
其國中間幽冥之處日月威光所不能照而皆
大明其中衆生各得相見咸作是言此中云何
忽生衆生又其國界諸天宮殿乃至梵宮
六種震動大光普照遍滿世界勝諸天光尒
時東方五百万億諸國土中梵天宮殿光明照
曜倍於常明諸梵天王各作是念今者宮殿
光明昔所未有以何因緣而現此相是時諸梵
天王即各相詣共議此事而彼衆中有一大
梵天王名救一切爲諸梵衆而說偈言
我等諸宮殿　光明昔未有　此是何因緣　宜各共求之
爲大德天生　爲佛出世間　而此大光明　遍照於十方

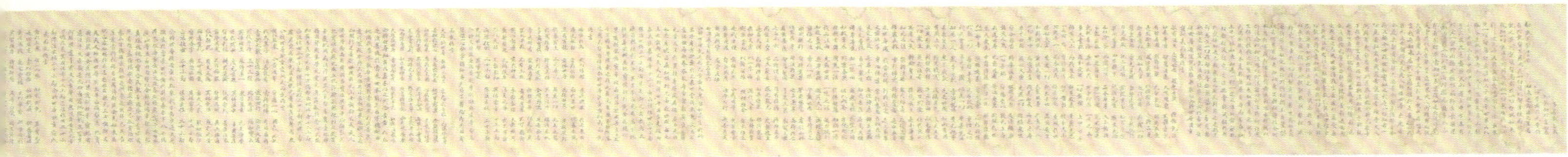

我等諸宮殿　光明昔未有　此是何因緣　宜各共求之
為大德天生　為佛出世間　而此大光明　遍照於十方
尒時五百万億諸梵天王與宮殿俱各以衣裓
盛諸天華共詣西方推尋是相見大通智勝
如來處于道場菩提樹下坐師子座諸天龍
王乾闥婆緊那羅摩睺羅伽人非人等恭
敬圍繞及見十六王子請佛轉法輪時諸梵
天王頭面礼佛繞百千帀即以天華而散
佛上其所散華如須弥山并以供養佛菩提
樹其菩提樹高十由旬華供養已各以宮
殿奉上彼佛而作是言唯見哀愍饒益我
等所獻宮殿願垂納處尒時諸梵天王即
於佛前一心同聲以偈頌曰
世尊甚希有　難可得值遇　具无量功德　能救護一切
天人之大師　哀愍於世間　十方諸衆生　普皆蒙饒益
我等所從來　五百万億國　捨深禪定樂　為供養佛故

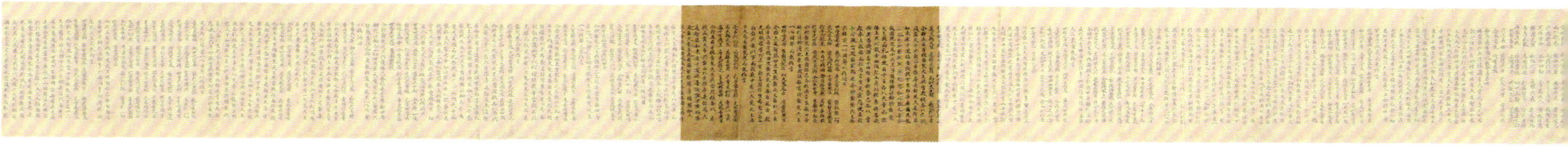

轉於法輪度脫衆生開涅槃道時諸梵天王
一心同聲而說偈言
世雄兩足尊　唯願演說法　以大慈悲力　度苦惱衆生
尒時大通智勝如來嘿然許之又諸比丘東
南方五百万億國土諸大梵王各自見宮殿
光明照曜昔所未有歡喜踊躍生希有心即各
相詣共議此事而彼衆中有一大梵天王名
日大悲為諸梵衆而說偈言
是事何因緣　而現如此相　我等諸宮殿　光明昔未有
為大德天生　為佛出世間　未曾見此相　當共一心求
過千万億土　尋光共推之　多是佛出世　度脫苦衆生
尒時五百万億諸梵天王與宮殿俱各以衣
裓盛諸天華共詣西北方推尋是相見大
通智勝如來處于道場菩提樹下坐師子
座諸天龍王乾闥婆緊那羅摩睺羅伽人
非人等恭敬圍遶及見十六王子請佛轉法輪

通智勝如來處于道場菩提樹下坐師子
座諸天龍王乾闥婆緊那羅摩睺羅伽人
非人等恭敬圍繞及見十六王子請佛轉法輪時
諸梵天王頭面礼佛繞百千帀即以天華而
散佛上所散之華如須弥山并以供養佛菩
提樹華供養已各以宮殿奉上彼佛而作是言
唯見哀愍饒益我等所獻宮殿願垂納處尒
時諸梵天王即於佛前一心同聲以偈頌曰

聖主天中王　迦陵頻伽聲　哀愍眾生者　我等今敬礼
世尊甚希有　久遠乃一現　一百八十劫　空過无有佛
三惡道充滿　諸天眾減少　今佛出於世　為眾生作眼
世間所歸趣　救護於一切　為眾生之父　哀愍饒益者
我等宿福慶　今得值世尊

尒時諸梵天王偈讚佛已各作是言唯願世尊
哀愍一切轉於法輪度脫眾生時諸梵天王
一心同聲而說偈言

尒時大通智勝如来嘿然許之又諸比丘南方
五百万億國土諸大梵王各自見宮殿光明
照耀昔所未有歡喜踊躍生希有心即各
相詣共議此事以何因緣我等宮殿有此
光耀而彼衆中有一大梵天王名曰大法 為
諸梵衆而說偈言
我等諸宮殿 光明甚威耀 此非无因緣 是相宜求之
過於百千劫 未曾見是相 為大德天生 為佛出世間
尒時五百万億諸梵天王與宮殿俱各以衣裓
盛諸天華共詣北方推尋是相見大通智
勝如来處于道場菩提樹下坐師子座諸天
龍王乾闥婆緊那羅摩睺羅伽人非人等恭
敬圍繞及見十六王子請佛轉法輪即言諸
梵天王頭面礼佛繞百千帀即以天華而
散佛上所散之華如須弥山并以供養佛菩

梵天王頭面禮佛繞百千匝即以天華而
散佛上所散之華如須弥山并以供養佛菩
提樹華供養已各以宮殿奉上彼佛而作是
言唯見哀愍饒益我等所獻宮殿願垂納
處尒時諸梵天王即於佛前一心同聲以偈頌曰
世尊甚難見　破諸煩惱者　過百三十劫　今乃得一現
諸飢渴衆生　以法雨充滿　昔所未曾覩　无量智慧者
如優曇鉢華　今日乃值遇　我等諸宮殿　蒙光故嚴飾
世尊大慈愍　唯願垂納受
尒時諸梵天王偈讚佛已各作是言唯願世尊
轉於法輪令一切世間諸天魔梵沙門婆羅門
皆獲安隱而得度脫時諸梵天王一心同聲
以偈頌曰
唯願天人尊　轉无上法輪　擊于大法鼓　而吹大法螺
普雨大法雨　度无量衆生　我等咸歸請　當演深遠音
尒時大通智勝如來嘿然許之西南方乃至下

踊躍生即有心即各相詣共議此事以何因緣
我等宮殿有斯光明而彼衆中有一大梵天王
名曰尸棄為諸梵衆而說偈言
今以何因緣　我等諸宮殿　威德光明曜　嚴飾未曾有
如是之妙相　昔所未聞見　為大德天生　為佛出世間
尒時五百万億諸梵天王與宮殿俱各以衣裓
盛諸天華共詣下方推尋是相見大通智
勝如来處于道場菩提樹下坐師子座諸天
龍王乾闥婆緊那羅摩睺羅伽人非人等恭敬
圍繞及見十六王子請佛轉法輪時諸梵天王
頭面礼佛遶百千匝即以天華而散佛上所
散之華如須弥山并以供養佛菩提樹華供
養已各以宮殿奉上彼佛而作是言唯見哀
愍饒益我等所獻宮殿願垂納處尒時諸梵
天王即於佛前一心同聲以偈頌曰

天王即於佛前一心同聲以偈頌曰
善哉見諸佛　救世之聖尊　能於三界獄　勉出諸衆生
普智天人尊　哀愍群萠類　能開甘露門　廣度於一切
於昔无量劫　空過无有佛　世尊未出時　十方常闇冥
三惡道增長　阿脩羅亦盛　諸天衆轉減　死多墮惡道
不從佛聞法　常行不善事　色力及智慧　斯等皆減少
罪業因緣故　失樂及樂相　住於邪見法　不識善儀則
不蒙佛所化　常墮於惡道　佛為世間眼　久遠時乃出
哀愍諸衆生　故現於世間　超出成正覺　我等甚欣慶
及餘一切衆　喜歎未曾有　我等諸宮殿　蒙光故嚴飾
今以奉世尊　唯垂哀納受　願以此功德　普及於一切
我等與衆生　皆共成佛道
尒時五百万億諸梵天王偈讚佛已各白佛言
唯願世尊轉於法輪　多所安隱　多所度脫　時
諸梵天王而說偈言

尒時大通智勝如來受十方諸梵天王及十六
王子請即時三轉十二行法輪若沙門婆羅門
若天魔梵及餘世間所不能轉謂是苦是苦集
是苦滅是苦滅道及廣說十二因緣法无明緣
行行緣識識緣名色名色緣六入六入緣觸觸
緣受受緣愛愛緣取取緣有有緣生生緣老
死憂悲苦惱无明滅則行滅行滅則識滅識
滅則名色滅名色滅則六入滅六入滅則觸滅
觸滅則受滅受滅則愛滅愛滅則取滅取滅
則有滅有滅則生滅生滅則老死憂悲苦惱
滅佛於天人大衆之中說是法時六百万億那
由他人以不受一切法故而於諸漏心得解脫皆
得深妙禪定三明六通具八解脫第二第三第
四說法時千万億那由他恒河沙等衆生亦以不
受一切法故而於諸漏心得解脫從是已後諸聲

受一切法故而於諸漏心得解脫從是已後諸聲
聞衆无量无邊不可稱數尒時十六王子皆以童子
出家而爲沙弥諸根通利智慧明了已曾供養
百千万億諸佛淨脩梵行求阿耨多羅三藐三
菩提俱白佛言世尊是諸无量千万億大德聲聞
皆已成就世尊亦當爲我等説阿耨多羅三
藐三菩提法我等聞已皆共脩學世尊我等
志願如來知見深心所念佛自證知尒時轉輪聖
王所將衆中八万億人見十六王子出家亦求
出家王即聽許尒時彼佛受沙弥請過二万劫
已乃於四衆之中説是大乘經名妙法蓮華教
菩薩法佛所護念説是經已十六沙弥爲阿耨
多羅三藐三菩提故皆共受持諷誦通利説是
經時十六菩薩沙弥皆悉信受聲聞衆中亦
有信解其餘聲聞千万億衆皆生疑惑佛説

室寂然禪定各昇法座亦於八万四千劫爲四部
衆廣說分別妙法華經一一皆度六百万億那由
他恒河沙等衆生示教利喜令發阿耨多羅三
藐三菩提心大通智勝佛過八万四千劫已從三
昧起往詣法座安詳而坐普告大衆是十六
菩薩沙弥甚爲希有諸根通利智慧明了已
曾供養无量百千万億數諸佛於諸佛所常脩
梵行受持佛智開示衆生令入其中汝等皆
當數數親近而供養之所以者何若聲聞辟支
佛及諸菩薩能信是十六菩薩所說經法受持
不毀者是人皆當得阿耨多羅三藐三菩提
如來之慧佛告諸比丘是十六菩薩常樂說是
妙法華經一一菩薩所化六百万億那由他恒河
沙等衆生世世所生與菩薩俱從其聞法悉皆
信解以此因緣得值四万億諸佛世尊于今不盡

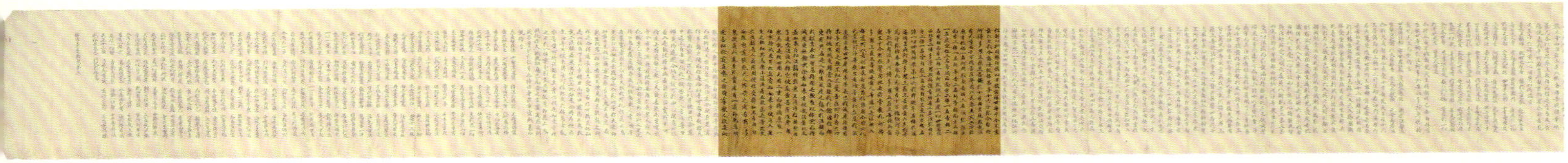

信解以此因緣得值四万億諸佛世尊于今不盡
諸比丘我今語汝彼佛弟子十六沙弥今皆得
阿耨多羅三藐三菩提於十方國土現在說法
有无量百千万億菩薩聲聞以爲眷屬其二沙弥
東方作佛一名阿閦在歡喜國二名須弥頂東
南方二佛一名師子音二名師子相南方二佛
一名虛空住二名常滅西南方二佛一名帝相二
名梵相西方二佛一名阿弥陀二名度一切世間苦惱
西北方二佛一名多摩羅跋旃檀香神通二名須弥相北
方二佛一名雲自在二名雲自在王東北方佛名
壞一切世間怖畏第十六我釋迦牟尼佛於娑
婆國土成阿耨多羅三藐三菩提諸比丘我等
爲沙弥時各各教化无量百千万億恒河沙
等從我聞法爲阿耨多羅三藐三菩提此諸
衆生于今有住聲聞地者我常教化阿耨
多羅三藐三菩提是諸人等應以是法漸入

度後未來世中聲聞弟子是也我滅度後復有
弟子不聞是經不知不覺菩薩所行自於所
得功德生滅度想當入涅槃我於餘國作佛
更有異名是人雖生滅度之想入於涅槃而
於彼土求佛智慧得聞是經唯以佛乘而得
滅度更無餘乘除諸如來方便說法諸比丘
若如來自知涅槃時到眾又清淨信解堅固
了達空法深入禪定便集諸菩薩及聲聞
眾為說是經世間无有二乘而得滅度唯一
佛乘得滅度耳比丘當知如來方便深入眾
生之性知其志樂小法深著五欲為是等故說
於涅槃是人若聞則便信受譬如五百由旬
險難惡道曠絕无人怖畏之處若有多
眾欲過此道至珍寶處有一導師聰慧明
達善知險道通塞之相將導眾人欲過此

若有多眾欲過此道至珍寶處有一導師聰慧明
達善知險道通塞之相將導眾人欲過此
難所將人眾中路懈退白導師言我等疲極
而復怖畏不能復進前路猶遠今欲退還道
師多諸方便而作是念此等可愍云何捨大
珎寶而欲退還作是念已以方便力於險道
中過三百由旬化作一城告眾人言汝等勿
怖莫得退還今此大城可於中止隨意所作
若入是城快得安隱若能前至寶所亦可
得去是時疲極之眾心大歡喜歎未曾有我
等今者免斯惡道快得安隱於是眾人前入
化城生已度想生安隱想尒時導師知此人眾既
得止息无復疲惓即滅化城語眾人言汝等
去來寶處在近向者大城我所化作為止息
耳諸比丘如來亦復如是今為汝等作大導師
知諸生死煩惱惡道險難長遠應去應度若

是心怯弱下劣以方便力而於中道爲止息故
説二涅槃若衆生住於二地如来尒時即便爲
説汝等所作未辦汝所住地近於佛慧當觀
察籌量所得涅槃非真實也但是如来方便
之力於一佛乘分别説三如彼道師爲止息
故化作大城既知息已而告之言寳處在近此
城非實我化作耳尒時世尊欲重宣此義而
説偈言

大通智勝佛　十劫坐道場　佛法不現前　不得成佛道
諸天神龍王　阿脩羅衆等　常雨於天華　以供養彼佛
諸天擊天鼓　并作衆伎樂　香風吹萎華　更雨新好者
過十小劫已　乃得成佛道　諸天及世人　心皆懷踊躍
彼佛十六子　皆與其眷属　千万億圍繞　俱行至佛所
頭面礼佛之　而請轉法輪　聖師子法雨　充我及一切
世尊甚難值　久遠時一見　爲覺悟羣生　震動於一切
東方諸世界　五百万億國　梵宫殿光曜　昔所未曾有

世尊甚難值 久遠時一見 為覺悟群生 震動於一切
東方諸世界 五百万億國 梵宮殿光曜 昔所未曾有
諸梵見此相 尋來至佛所 散花以供養 并奉上宮殿
請佛轉法輪 以偈而讚歎 佛知時未至 受請嘿然坐
三方及四維 上下亦復尒 散花奉宮殿 請佛轉法輪
世尊甚難值 願以大慈悲 廣開甘露門 轉无上法輪
无量慧世尊 受彼衆人請 為宣種種法 四諦十二緣
无明至老死 皆從生緣有 如是衆過患 汝等應當知
宣暢是法時 六百万億姟 得盡諸苦際 皆成阿羅漢
第二說法時 千万恒沙衆 於諸法不受 亦得阿羅漢
從是後得道 其數无有量 万億劫筭數 不能得其邊
時十六王子 出家作沙弥 皆共請彼佛 演說大乘法
我等及營從 皆當成佛道 願得如世尊 慧眼第一淨
佛知童子心 宿世之所行 以无量因緣 種種諸譬喻
說六波羅蜜 及諸神通事 分別真實法 菩薩所行道
說是法華經 如恒河沙偈 彼佛說經已 淨室入禪定

於佛宴寂後　宣揚助法化　一一沙弥等　所度諸衆生
有六百万億　恒沙沙等衆　彼佛滅度後　是諸聞法者
在在諸佛所　常與師俱生　是十六沙弥　具足行佛道
今現在十方　各得成正覺　尒時聞法者　各在諸佛所
其有住聲聞　漸教以佛道　我在十六數　曾亦為汝說
是故以方便　引汝趣佛慧　以是本因緣　今說法華經
令汝入佛道　慎勿懷驚懼　譬如險惡道　迥絶多毒獸
又復无水草　人所怖畏處　无數千万衆　欲過此險道
其路甚曠遠　經五百由旬　時有一導師　強識有智慧
明了心決定　在險濟衆難　衆人皆疲惓　而白導師言
我等今頓乏　於此欲退還　導師作是念　此輩甚可愍
如何欲退還　而失大珎寶　尋時思方便　當設神通力
化作大城郭　莊嚴諸舍宅　周帀有園林　渠流及浴池
重門高樓閣　男女皆充滿　即作是化已　慰衆言勿懼
汝等入此城　各可隨所樂　諸人既入城　心皆大歡喜

汝等入此城　各可隨所樂　諸人既入城　心皆大歡喜
皆生安隱想　自謂已得度　道師知息已　集衆而告言
汝等當前進　此是化城耳　我見汝疲極　中路欲退還
故以方便力　權化作此城　汝今勤精進　當共至寶所
我亦復如是　為一切道師　見諸求道者　中路而懈廢
不能度生死　煩惱諸險道　故以方便力　為息說涅槃
言汝等苦滅　所作皆已辦　既知到涅槃　皆得阿羅漢
爾乃集大衆　為說真實法　諸佛方便力　分別說三乘
唯有一佛乘　息處故說二　今為汝說實　汝所得非滅
為佛一切智　當發大精進　汝證一切智　十力等佛法
具三十二相　乃是真實滅　諸佛之道師　為息說涅槃
既知是息已　引入於佛慧

妙法蓮華經卷第三

BD00339　妙法蓮華經卷三

BD00340

妙法蓮華經卷五

（後秦）鳩摩羅什 譯

156.2cm × 25.9cm

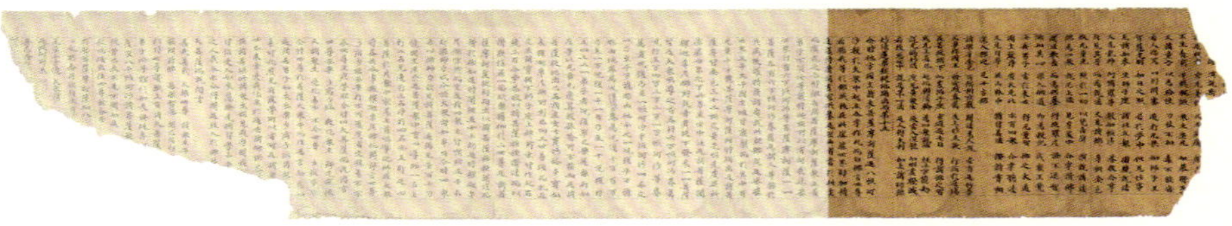

陀 演說斯
說是經者 常无憂惱 又无病痛 顏色
不生貧窮 卑賤醜陋 衆生樂見 如慕賢聖
天諸童子 以為給使 刀杖不加 毒不能害
若人惡罵 口則閉塞 遊行无畏 如師子王
智慧光明 如日之照 若於夢中 但見妙事
見諸如來 坐師子座 諸比丘衆 圍繞說法
又見龍神 阿脩羅等 數如恒沙 恭敬合掌
自見其身 而為說法 又見諸佛 身相金色
放无量光 照於一切 以梵音聲 演說諸法
佛為四衆 說无上法 見身處中 合掌讚佛
聞法歡喜 而為供養 得陀羅尼 證不退智

國土嚴淨　廣大无比　亦有四衆　合掌聽法
又見自身　在山林中　脩習善法　證諸實相
深入禪定　見十方佛
諸佛身金色　百福相莊嚴　聞法為人說　常有是好夢
又夢作國王　捨宮殿眷屬　及上妙五欲　行詣於道場
在菩提樹下　而處師子座　求道過七日　得諸佛之智
成无上道已　起而轉法輪　為四衆說法　經千万億劫
說无漏妙法　度无量衆生　後當入涅槃　如烟盡燈滅
若後惡世中　說是第一法　是人得大利　如上諸功德
妙法蓮華經從地踊出品第十五
尒時他方國土諸來菩薩摩訶薩過八恒河
沙數於大衆中起立合掌作礼而白佛言世尊
若聽我等於佛滅後在此娑婆世界勤加精
進護持讀誦書寫供養是經典者當於此土

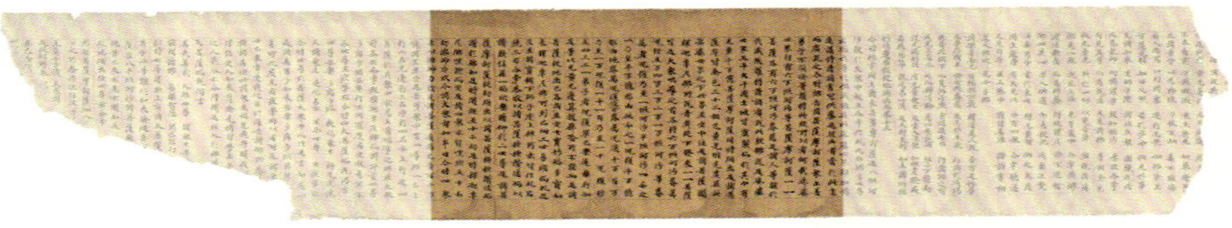

進護持讀誦書寫供養是經典者當於此土
而廣說之尒時佛告諸菩薩摩訶薩衆止善
男子不須汝等護持此經所以者何我娑婆
世界自有六万恒河沙等菩薩摩訶薩一一
菩薩各有六万恒河沙眷屬是諸人等能於
我滅後護持讀誦廣說此經佛說是娑婆
世界三千大千國土地皆震裂而於其中有
无量千万億菩薩摩訶薩同時踊出是諸菩
薩身皆金色三十二相无量光明先盡在此
娑婆世界之下此界虛空中住是諸菩薩聞
釋迦牟尼佛所說音聲從下發來一一菩薩
皆是大衆唱導之首各將六万恒河沙眷屬
況將五万四万三万二万一万恒河沙等眷

那由他眷屬況復億万眷屬況復千万百万
乃至一万況復一千一百乃至一十況復將
五四三二一弟子者況復單己樂遠離行如
是等比无量无邊算數譬喻所不能知是諸
菩薩從地出已各詣虛空七寶妙塔多寶如
來釋迦牟尼佛所到已向二世尊頭面礼足
及至諸寶樹下師子座上佛所亦皆作礼右
繞三帀合掌恭敬以諸菩薩種種讚法而以
讚歎住在一面欣樂瞻仰於二世尊是諸菩
薩摩訶薩從初踊出以諸菩薩種種讚法而
讚於佛如是時間經五十小劫是時釋迦牟
尼佛嘿然而坐及諸四衆亦皆嘿然五十小
劫佛神力故令諸大衆謂如半日尒時四衆
亦以佛神力故見諸菩薩遍滿无量百千万

劫佛神力故令諸大衆謂如半日尒時四衆
亦以佛神力故見諸菩薩遍滿无量百千万
億國土虛空是菩薩衆中有四導師一名上
行二名无邊行三名淨行四名安立行是四
菩薩於其衆中㝡爲上首唱導之師在大衆
前各共合掌觀釋迦牟尼佛而問訊言世尊
少病少惱安樂行不所應度者受教易不不
令世尊生疲勞耶尒時四大菩薩而說偈言
世尊安樂 少病少惱 教化衆生 得无疲惓
又諸衆生 受化易不 不令世尊 生疲勞耶
尒時世尊於菩薩大衆中而作是言 如是如
是諸善男子如來安樂少病少惱諸衆生
易可化度无有疲勞所以者何是諸衆

皆信受入如來慧除先脩習學小乘
之人我今亦令得聞是經入於佛慧
大菩薩而說偈言
善哉善哉　大雄世尊　諸衆生等
能問諸佛　甚深智慧　聞已信行
於時世尊讃歎上首諸大菩薩
男子汝等能於如來發随喜心
薩及八千恒河沙諸菩薩衆
從昔已來不見不聞如是
從地踊出住世尊前合掌
弥勒菩薩摩訶薩知八千
心之所念并欲自決所
无量千万億　大衆諸

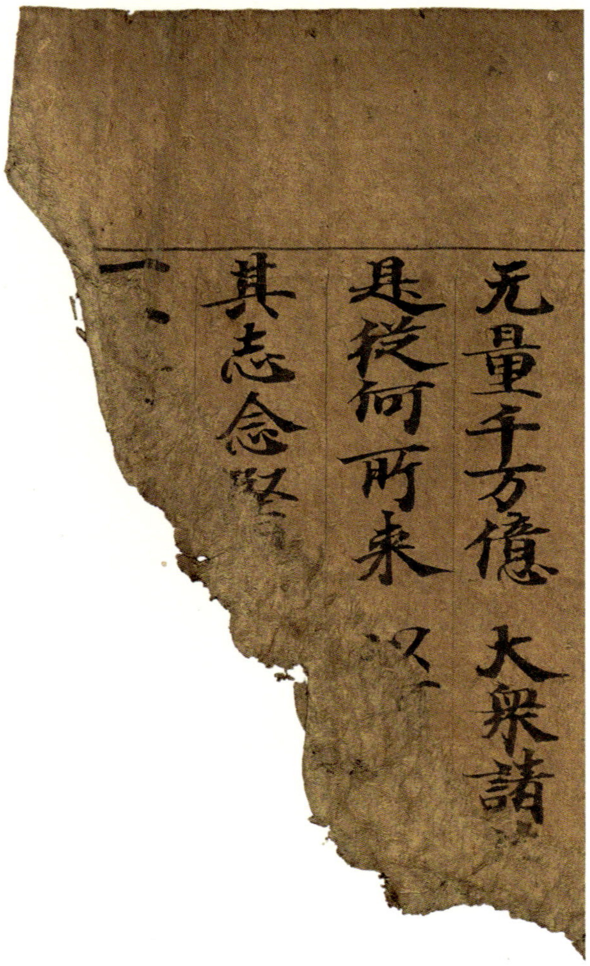

无量千万億　大衆諸
是從何所来
其志念堅

BD00341 金剛般若波羅蜜經

（後秦）鳩摩羅什 譯

140.8cm × 26cm

何可以身相
世尊不可以身相得見如来何以故
說身相即非身相佛告須菩提凡
是虛妄若見諸相非相則見如来
須菩提白佛言世尊頗有衆生得聞如是言
說章句生實信不佛告須菩提莫作是說如
来滅後後五百歲有持戒修福者於此章句
能生信心以此為實當知是人不於一佛二
佛三四五佛而種善根已於无量千万佛所
種諸善根聞是章句乃至一念生淨信者須
菩提如来悉知悉見是諸衆生得如是无量
福德何以故是諸衆生无復我相人相衆生
相壽者相无法相亦无非法相何以故是諸

相即著我人眾生壽者是故不應取法不應
取非法以是義故如來常說汝等比丘知我
說法如筏喻者法尚應捨何況非法
須菩提於意云何如來得阿耨多羅三藐三
菩提耶如來有所說法耶須菩提言如我解
佛所說義无有定法名阿耨多羅三藐三菩
提亦无有定法如來可說何以故如來所說
法皆不可取不可說非法非非法所以者何
一切賢聖皆以无為法而有差別
須菩提於意云何若人滿三千大千世界七
寶以用布施是人所得福德寧為多不須菩
提言甚多世尊何以故是福德即非福德性
是故如來說福德多若復有人於此經中受

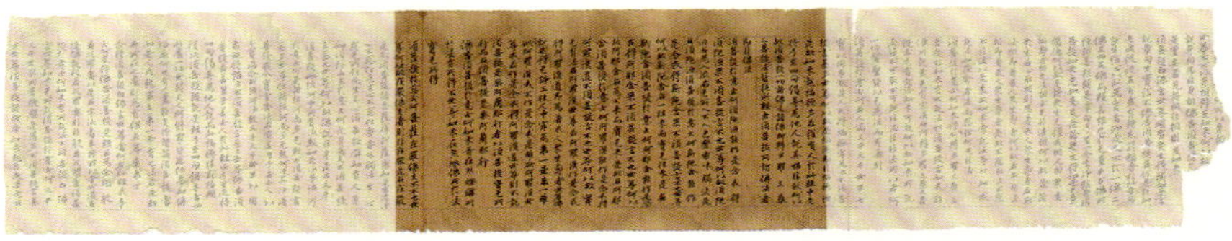

提言甚多世尊何以故是福德即非福德性
是故如来說福德多若復有人於此經中受
持乃至四句偈等為他人說其福勝彼何以
故須菩提一切諸佛及諸佛阿耨多羅三藐
三菩提法皆從此經出須菩提所謂佛法者
即非佛法
須菩提於意云何須陁洹能作是念我得
須陁洹果不須菩提言不也世尊何以故須陁
洹名為入流而无所入不入色聲香味觸法是
名須陁洹須菩提於意云何斯陁含能作
是念我得斯陁含果不須菩提言不也世尊
何以故斯陁含名一往来而實无往来是名
斯陁含須菩提於意云何阿那含能作是念
我得阿那含果不須菩提言不也世尊何以

阿羅漢道不須菩提言不也世尊何以故實
无有法名阿羅漢世尊若阿羅漢作是念我
得阿羅漢道即為著我人衆生壽者世尊佛
說我得无諍三昧人中最為第一是第一離
欲阿羅漢我不作是念我是離欲阿羅漢世
尊我若作是念我得阿羅漢道世尊則不說
須菩提是樂阿蘭那行者以須菩提實无所
行而名須菩提是樂阿蘭那行
佛告須菩提於意云何如來昔在然燈佛所
於法有所得不世尊如來在然燈佛所於法
實无所得
須菩提於意云何菩薩莊嚴佛土不不也世
尊何以故莊嚴佛土者則非莊嚴是名莊嚴

須菩提於意云何菩薩莊嚴佛土不不也世
尊何以故莊嚴佛土者則非莊嚴是名莊嚴
是故須菩提諸菩薩摩訶薩應如是生清淨
心不應住色生心不應住聲香味觸法生心
應无所住而生其心須菩提譬如有人身
如須弥山王於意云何是身爲大不須菩提
言甚大世尊何以故佛說非身是名大身
須菩提如恒河中所有沙數如是沙等恒河
於意云何是諸恒河尚多无數不須菩提言
甚多世尊但諸恒河尚多无數何况其沙須
菩提我今實言告汝若有善男子善女人以
七寶滿尒所恒河沙數三千大千世界以用
布施得福多不須菩提言甚多世尊佛告須
菩提若善男子善女人於此經中乃至受持
四句偈等爲他人說而此福德勝前福德

復次須菩提隨說是經乃至四句偈等當知
此處一切世間天人阿修羅皆應供養如佛
塔廟何况有人盡能受持讀誦須菩提當
知是人成就最上第一希有之法若是經
典所在之處則為有佛若尊重弟子
尒時須菩提白佛言世尊當何名此經我等
云何奉持佛告須菩提是經名為金剛般
若波羅蜜以是名字汝當奉持所以者何須菩
提佛說般若波羅蜜則非般若波羅蜜須菩
提於意云何如來有所說法不須菩提白佛
言世尊如來無所說須菩提於意云何三千
大千世界所有微塵是為多不須菩提言甚
多世尊須菩提諸微塵如來說非微塵是名

BD00342-1 雜阿含經卷三二 （南朝宋）求那跋陀羅 譯

BD00342-2 阿毗達磨大毗婆沙論卷八一 （唐）玄奘 譯

BD00342-3 中阿含經卷五一 （東晋）僧伽提婆 譯

BD00342-4 阿毗達磨大毗婆沙論卷六二 （唐）玄奘 譯

BD00342-5 雜阿含經卷四七 （南朝宋）求那跋陀羅 譯

BD00342-6 雜阿含經卷二二 （南朝宋）求那跋陀羅 譯

BD00342-7 阿毗達磨大毗婆沙論卷第一百六十一等雜寫

BD00342-8 阿毗達磨大毗婆沙論卷八二 （北凉）浮陀跋摩 道泰 譯

BD00342-9 阿毗曇毗婆沙論卷二一 （北凉）浮陀跋摩 道泰 譯

BD00342v-1 阿毗達磨大毗婆沙論卷六二 （唐）玄奘 譯

BD00342v-2 雜阿含經卷四〇 （南朝宋）求那跋陀羅 譯

BD00342v-3 雜阿含經卷第一題名雜寫

BD00342v-4 阿毗達磨大毗婆沙論卷六二 （唐）玄奘 譯

224.4cm × 26.8cm

吴

字我不脩正志正語正業正命正方便正念正
定故於他生瞋生瞋恚故口說惡言他為
　性名字是故我今當捨瞋恚罰殘廢
無學勝利唯學無學復次靜慮或見所斷或脩
所斷或非所斷勝利唯非所斷復次靜慮通
染不染勝利唯不染復次靜慮通有異熟無
異熟勝利唯無異熟復次靜慮三諦攝除滅
諦勝利唯道諦攝是謂靜慮勝利差別
如契經說初靜慮憂根滅第二靜慮苦根滅
問離欲染時斷憂及苦契經何故作是說邪
答依過對治故作是說謂離欲染位雖斷苦
根而未名為過苦對治於初靜慮得離染時
過苦對治故說苦滅苦對治者謂初靜慮復

雖斷苦根而未過苦所依族姓

彼覺苦覺已惡不善法轉滅善法轉增邪向
濕貝帝那婆脩荅曰唯然我等如是知世尊
說法若有覺樂覺者彼覺樂覺已不善法轉
增善法轉滅若有覺苦覺者彼覺苦覺已
不善法轉滅善法轉增世尊訶向濕貝帝那
婆脩比丘汝等癡王何由知我如是說法汝
等癡王從何口聞知如是說法汝等癡王我
不一向說汝等一向受持汝等癡王為衆多
比丘語時應如是如法荅我等未知當問諸
比丘尒時世尊告諸比丘汝等亦如是知我
說法若有覺樂覺者彼覺樂覺已不善法轉
增善法轉滅若有覺苦覺者彼覺苦覺已不

BD00342-1　雜阿含經卷三二　　BD00342-2　阿毗達磨大毗婆沙論卷八一　　BD00342-3　中阿含經卷五一

說法若有覺樂覺者彼覺樂覺已不善法轉
增善法轉滅若有覺苦覺者彼覺苦覺已不
善法轉滅善法轉增耶衆多比丘荅曰不也
世尊世尊復問曰汝等云何知我說法衆多
比丘荅曰世尊我等如是知世尊說法或有
覺樂覺者惡不善法轉增善法轉滅或有
覺樂覺者惡不善法轉滅善法轉增或有覺
苦覺者惡不善法轉增善法轉滅或有覺苦
覺者惡不善法轉滅善法轉增世尊我等如是
知世尊所說法世尊聞已歎諸比丘曰善
哉善哉若汝如是說或有覺樂覺者惡不善法
轉增善法轉滅或有覺樂覺者惡不善法轉
滅善法轉增或有覺苦覺者惡不善法轉增
法轉增所以者何我亦如是說或有覺樂覺

佛佛説八種聖道経

都僧

鍊根至不動以是事故彼名退法乃至名堪
達法若作是説依六作用建立六種阿羅漢
名彼説欲界具有六種色無色界唯有二種
謂安住及不動法如是説者退法阿羅漢不
名退乃至堪達法阿羅漢不名鍊根至不動
法問若介何故彼名退法乃至彼名堪達法
耶荅阿羅漢中退法者不名退若退從此種
姓非餘乃至堪達法者不退名鍊根至不動

此世及他世 明智善顯現 諸魔得未得 乃至於死魔
一切悉知者 三藐三佛智 破壞令消亡

雜阿含經卷第廿二 如是我聞

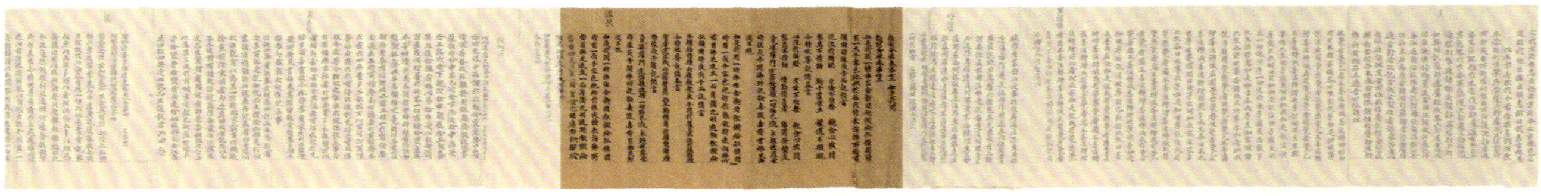

雜阿含經卷第廿二　如是我聞

雜阿含經卷第廿二

如是我聞一時佛在舍衛國祇樹給孤獨園時
有一天子容色絶妙於後夜時来詣佛所稽首
獨園時彼天子而說偈言
沉没於睡眠　欠呿不欣樂　飽食心憒閙
懈怠不精勤　斯十處衆生　聖道不顯現
尒時世尊說偈荅言
心没於睡眠　欠呿不欣樂　飽食心憒閙
懈怠不精勤　精勤脩習者　能開發聖道
又見婆羅門　逮得般涅槃　一切怖已過　永超世恩愛
時彼天子聞佛所說歡喜隨喜稽首佛足即
没不現

[illegible]

稽首佛足退坐一面身諸光明遍照祇樹給
孤獨園時彼天子而說偈言
外纏結非纏　内纏纏衆生　今問於瞿曇　誰於纏離纏
尒時世尊說偈荅言
智者建立戒　内心脩智慧　比丘勤脩習　於纏能解纏
時彼天子復說偈言
又見婆羅門　逮得般涅槃　一切怖已過　永超世恩愛
時彼天子聞佛所說歡喜隨喜稽首佛足即
沒不現

[illegible]

如是我聞一時佛住舍衛國祇樹給孤獨園
時有一天子容色絕妙於後夜時来詣佛所
稽首佛足退坐一面身諸光明遍照祇樹給
稽首佛足退坐一面身諸光明遍照祇樹給

[illegible]

[illegible]
稽首佛足退坐一面身諸光明遍照祇樹給
阿達 阿毗達磨大毗婆沙言
阿毗達磨大毗婆沙論卷第一百六十一
尒時世尊妙

阿毗達

阿毗達磨大毗婆沙論卷第一百六十一　五百大阿羅漢等造
捨時先緣中品謂於彼起捨置意樂中品有
情最易捨故緣親發愛緣怨發親故緣處中
亂循捨捨中品已次捨下怨次捨中怨次
捨上怨次捨下親次捨中親後捨上親先捨
其怨後捨親者瞋心易捨非愛心故漸次循
[illegible]

捴觀林薺此名為脩捨究竟問何等有情能
脩無量者有情種姓略有二種一於有情樂
求過失二於有情樂求功德若於有情樂求
失者於四無量多不能脩所以者何阿羅漢
等欲求其失亦可得故彼於先時亦有瑕隟
故令我等今輕毀之誰能於彼作饒益事若
於有情樂求德者於四無量多分能脩所以
者何斷善根者欲求其德亦可得故彼於先
時多脩善業故今感得尊貴家生形皃端嚴
衆所樂見言辭威肅聞皆敬受智慧多聞在
皆推仰我應於彼作饒益事
問此四無量次第云何為如說而生為別有
次第有作是說如說而生謂瑜伽師先於欲
界諸有情類欲與饒益與饒益者即是慈相

界諸有情類欲與饒益與饒益者即是慈相
故佛說慈以為第一次於欲界諸有情類欲
除衰損除衰損者即是悲相故佛說悲以為
第二彼諸有情既得饒益復離衰損次應求
彼而生慶慰慶慰彼者即是喜相故佛說喜
以為第三既於有情生慶慰已次應於彼平
等捨置等捨置者即是捨相故佛說捨以為
第四故四無量如說而生復說者此四無

阿毗曇婆沙雜揵度無義品第七　卷第廿一

阿毗曇毗婆沙雜揵度無義品第七

諸他脩苦行　當知無義俱　畢竟無有利　如陸他舩椑

[illegible]佛故作此論者[illegible]是一切阿毗[illegible][illegible]論
經然此品偏多所以者何此論品多以經為
論復次所以作此論者此是佛經佛經中說
佛在優樓頻螺村尼連禪河邊菩提樹下
成佛未久尒時世尊告諸比丘我遠離苦行
於此苦行快得解脫以自顛力故今得第一
菩提時諸比丘聞佛所說深生愛樂一心不

如是說此斷應立理遍知名謂遍了知勝義
諦理究竟諦理證得故脇尊者言此斷應
立捨遍知名謂遍了知生死過失棄捨生死
而證得故如是二說雖不違理而經但說斷
遍知名故三說中說為善
然斷自性亦名為斷亦名為離亦名為滅亦
名為諦亦名遍知亦名沙門果亦名有餘依
涅槃果亦名無餘依涅槃果如是八種於諸位
中有具不具謂苦法智忍滅苦法智生時
彼所得斷名斷名離名滅名諦未名遍知未
名沙門果未名有餘依涅槃果未名無餘依
涅槃果苦智忍滅苦智生時彼所得斷名
斷名離名滅名諦未名遍知未名沙門果

名滅名諦名遍知謂欲界見苦集所斷結盡
遍知未名沙門果未名有餘依涅槃界未名
所得斷名斷名離名滅名諦名遍知謂色無
色見苦集所斷結盡遍知未名沙門果未名

雜阿含經卷第卌

如是我聞一時佛住王舍城迦蘭陁竹園介

雜阿含經卷第一　雜阿含經卷第一　雜阿含經卷第一

名為諦亦名遍知亦名沙門果亦名有依
彼所得名斷名滅名滅諦未遍知未
名沙門果未名有依涅槃界未名無餘
涅槃界苦類智忍滅苦類智生時彼所得
位中有具不具謂苦法智忍滅苦法智
名沙門果未名有依涅槃界未名無

BD00342v-1　阿毗達磨大毗婆沙論卷六二　BD00342v-2　雜阿含經卷四〇　BD00342v-3　雜阿含經卷第一題名雜寫

BD00343 佛名經（十六卷本）卷九

1244.4cm × 29cm

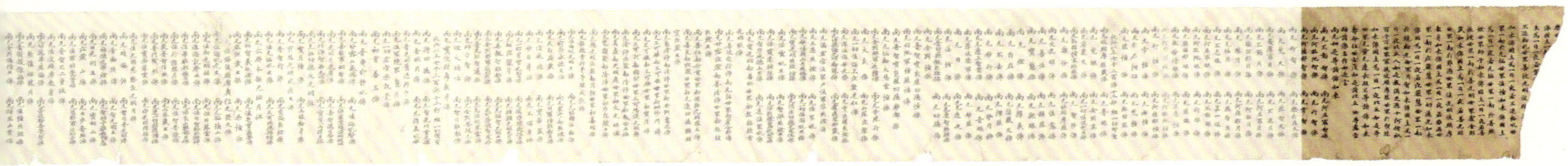

樂世
佛國土一劫
土為一日一夜若袈
不退輪吼世界善快光明波頭
如来佛國土為一日一夜若不退輪吼世
界一劫於无垢世界法憧如来佛國土
為一日一夜若无垢世界一劫於善燃
燈世界師子如来佛國土一日一夜若善
燃燈世界一劫於善光明世界盧舍那
藏如来佛國土為一日一夜若善光明
世界一劫於難過世界法光明波頭摩

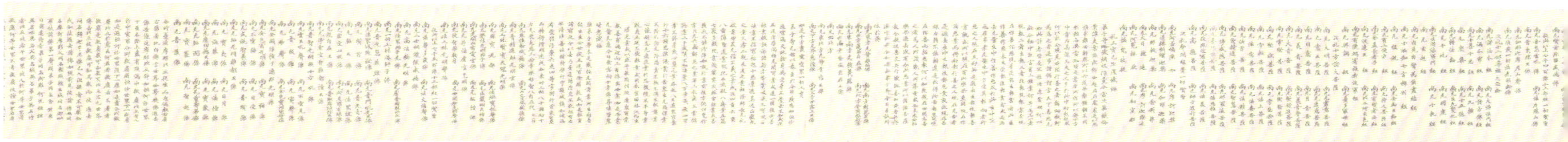

佛國爲一日一夜若莊嚴慧世界一劫
於鏡輪光世界月智如來佛國土爲一
日一夜比丘入如是數滿足過十阿僧祇
百千万世界最後波頭摩勝世界於賢勝
如來佛國土爲一日一夜比丘如是等
世界無量無邊長短不等諸佛如來
壽命住世亦復如是諸比丘汝等應當
稱諸佛名作如是言
南无如是等諸佛如來
南无不動智佛　南无阿居羅智佛
南无阿私陁智佛　南无行智佛
南无阿樓那智佛　南无常智佛

南无阿樓那智佛　南无常智佛
南无妙智佛　南无樂自在天佛
南无梵天佛　南无勝智天佛
南无菴摩羅月佛　南无不退月佛
南无不動月佛　南无阿尼羅月佛
南无婆留那月佛　南无阿私月佛
南无勝月佛　南无阿樓那月佛
南无无垢月佛　南无勝智月佛
南无不退眼佛　南无第一眼佛
南无阿尼羅眼佛　南无不動眼佛
南无阿私陁眼佛　南无行眼佛

南无[illegible]佛　南无[illegible]佛
南无阿尼羅幢佛　南无阿私陁幢佛
南无行幢佛　南无阿樓那幢佛
南无常幢佛　南无妙幢佛
南无自在幢佛　南无梵幢佛
南无勝幢佛　南无弥留勝佛
從此以上七千二百佛十二部經一切賢聖
南无波頭摩勝藏佛　南无普眼佛
南无梵眼佛　南无金剛齊佛
南无娑藪天佛　南无一切法決定王佛
南无弥留幢家眼勝佛　南无智沙佛
南无非沙佛　南无波頭摩勝佛
南无火光明佛　南无法意佛

南无[illegible]沙佛
南无波頭摩勝佛
南无火光明佛
南无法意佛
南无善法佛
南无稱勝佛
南无寶慧佛
南无微眼佛
南无燈佛
南无擇義佛
南无自在佛
南无婆藪天佛
南无不去佛
南无擇勝佛
南无妙行佛
南无昇月佛
南无无邊上智首佛
南无普眼佛
南无厚波婆羅佛
南无妙勝佛
南无日佛
南无无邊光佛
南无法幢佛
南无无邊智然燈佛
南[illegible]普[illegible]切德見[illegible]燈佛
南[illegible]力[illegible]佛

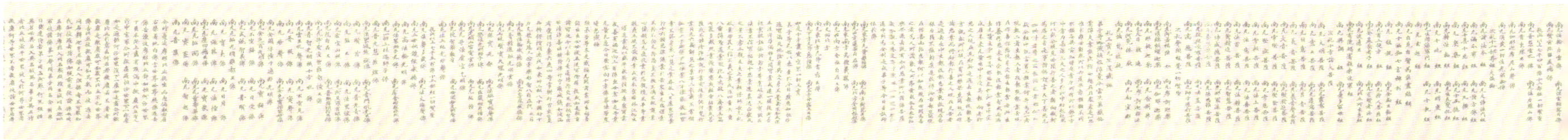

南无[illegible]佛
南无普智寶炎勝功德幢佛
南无因陁羅幢勝幢佛
南无普智寶炎勝功德雞都佛
南无无垢輪大悲雲幢佛
南无金剛那羅延幢佛　南无无导勝行佛
南无火炎　佛　南无山勝莊嚴佛
南无一切法海上莊嚴速任佛
南无深法海妙光佛　南无寶炎圓然燈佛
南无功德海光明輪勝佛　南无盧遮勝那藏佛
南无滿虛空法界尸法羅勝然燈佛
南无不退然燈佛　南无法界吼佛
南无妙法樹山王威德佛　南无一切法海吼王佛

南无不退然燈佛　南无法界吼佛
南无妙法樹山王威德佛　南无一切法海吼王佛
南无寶光明然燈幢佛　南无須弥功德光威德佛
南无法雲吼王佛　南无智炬然燈王佛
南无法電速幢勝佛　南无法然燈奮迅師子佛
南无智力威德山王佛　南无退法界吼佛
南无電光明劫善照世界初放栴檀香
光明照佛
南无善决定清淨劫无垢世界初盧舍那佛
南无甘露莊嚴劫善清淨世界初旃檀
然燈王佛
南无善住劫妙香世界初須弥光明勝王佛
南[illegible]

[illegible]

南无炎清淨劫清淨世界初金剛奮迅佛

南无不可嫌劫不可嫌世界初毗沙門佛

南无不可嫌劫不可嫌世界初寶月佛

南无不可訶劫稱財世界不可思議光明佛

南无清淨莊嚴劫清淨世界初觀世王佛

南无真塵劫光明塵世界初火光明佛

南无梵讚歎劫清淨世界初力莊嚴王佛

南无德光明莊嚴劫月幢世界初善眼佛

南无旃檀香行平等勝成就佛

南无法海吼光明王佛　南无无垢轉法輪佛

南无寂靜威德王佛　南无虛空劫然燈佛

南无天自在藏佛　南无日羅童雅耶王佛

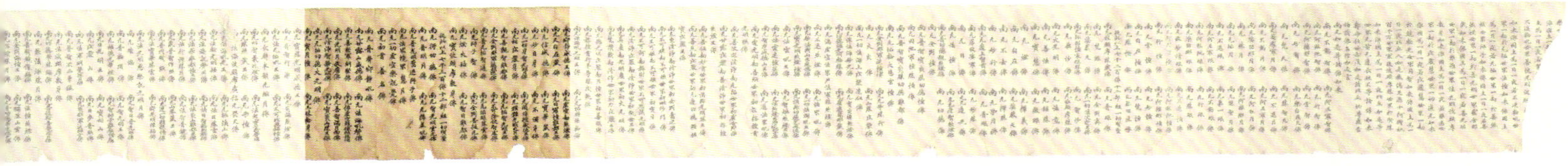

南无寂靜威德王佛
南无天自在藏佛
南无信威德佛
南无妙日身佛
南无一切身智光明佛
南无相莊嚴身佛
南无善觀智雞都佛
南无金剛那羅延精進佛
南无普无垢智通佛
南无師子智佛
南无燈火髻佛

南无虛空劫然燈佛
南无日羅幢雞都王佛
南无寶華藏佛
南无不濁身佛
南无閻浮檀威德王佛
南无種種光明大月佛
南无无垢智光明王佛
南无不可降伏智處佛
南无无垢眼勝雲佛
南无金剛菩提光佛
南无智日雞都佛

南无寶波頭摩敷身佛

[illegible]

南无普明月佛　南无无障蓋吼佛

南无普光明奮迅師子佛

南无法界境界慧月佛

南无一切虛空樂說覺佛

南无初香善名佛

南无普聲寂靜吼佛

南无甘露山威德佛　南无法海吼聲佛

南无善堅羅網堅佛　南无佛虛空鏡像頭髻佛

南无光明月微塵佛　南无善智滿月面佛

南无清淨智華光明佛　南无寶炎山勝王佛

南无无垢切德火光明佛

南无寶月幢佛　南无三昧輪身佛

南无无垢功德火光明佛
南无寶月幢佛　南无三昧輪身佛
南无寶勝光明威德王佛
南无普智行佛　南无炎海然燈佛
南无法无垢吼王佛　南无不可比德稱幢佛
南无長静本願无垢月佛
南无相智義然燈佛　南无法起寶齊聲佛
南无勝照藏王佛　南无乘幢佛
南无法海波頭摩廣信无畏天佛
南无法海吼光王佛　南无无垢法山佛
南无法輪光明髻佛　南无法日勝雲佛
南无法海說聲王佛　南无法日智輪然燈佛

南无藏普智作照佛
南无山勝藏王佛
南无普門暜照佛
南无連一切精進幢佛
南无法寶華勝雲佛
南无寂光明滐髻佛
南无法光明慈樂說光明月佛
南无珠海佛
南无智日普光明佛
南无普輪頂佛
南无智光明王佛
南无福德光華燈佛
南无智師子雞都幢王佛
南无日光明王佛
南无寶相山佛
南无莊嚴山佛
南无日步普照佛
南无法羅網覺勝月佛
南无畏那羅延師子佛
南无普智不二勇猛佛
南无法波頭摩敷身佛

南无普智不二勇猛佛

南无法波頭摩敷身佛

南无切德華勝海佛　南无菩提輪善覺勝月佛

南无然法炬勝月佛

南无普賢鏡像髻佛　南无法幢然燈佛

南无金剛海幢王佛　南无稱勝山雲佛

南无栴檀勝月佛　南无普切德華威德光佛

南无照衆生王佛　南无勝波頭摩華藏佛

南无香炎光明勝佛　南无因波頭摩佛

南无相山盧舍那佛　南无普聞名稱幢佛

南无普門光明須弥佛　南无法城光勝佛

南无普切德威德佛

南无目勝法力勇猛幢佛

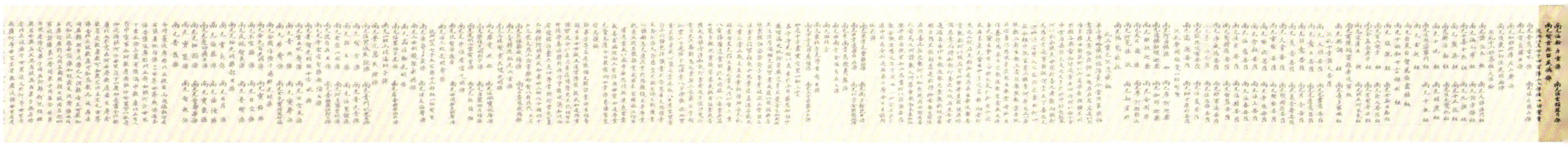

南无轉[illegible]佛

南无光明切德山波若照佛

南无轉法輪月妙勝佛

南无法華盧舍那清淨雞都佛

南无寶波頭摩光明藏佛

南无寶山雲燈佛　南无普覺華佛

南无種種光明勝弥留藏佛

南无光明輪峯王佛　南无福德雲盖佛

南无法峯雲幢佛　南无切德威德佛

南无法日雲燈王佛　南无香解幢智威德佛

南无法輪力雲佛　南无法雲稱勝月佛

南无賢首弥留威德佛

從此以上三千四百佛十二部經一切賢聖

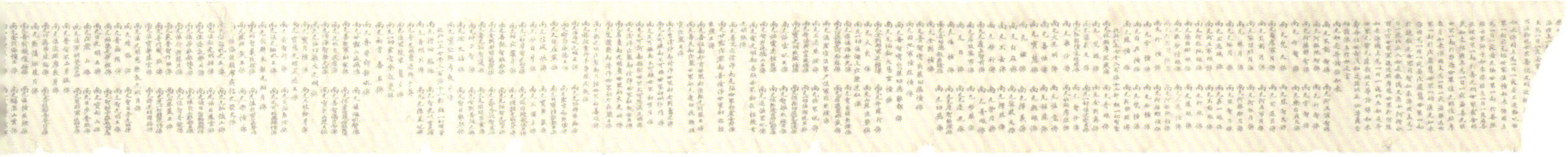

南无賢首弥留威德佛

從此以上七千四百佛十二部經一切賢聖

南无普慧雲吼佛　南无法力勝山佛

南无香炎勝王佛

南无伽那迦摩尼山聲佛

南无須藏一切法光明輪佛

次礼十二部尊經大法輪

南无諸法本經　南无大淨法門經

南无遍分布經　南无諸方佛經

南无十善十惡經　南无九攝經

南无度集經　南无十五德經

南无轉法輪經　南无生死變化經

南[illegible]經　南[illegible]月[illegible]經

南无分陁沙羅門經　南无十桒經
南无玄起經
南无自見自智爲餘盡結經
南无十漚和七言禪利經
南无猛施經　南无金輪王輪經
南无有三便方經　南无持人菩薩經
南无金孟長者子經　南无有賢者法經
南无波達王經　南无比丘所求色經
南无有陁竭署社桒波羅經
南无興調經　南无憂多羅母經
次礼十方諸大菩薩
南无大明菩薩　南无无盡意菩薩
南无[illegible]菩薩　南无[illegible]菩薩

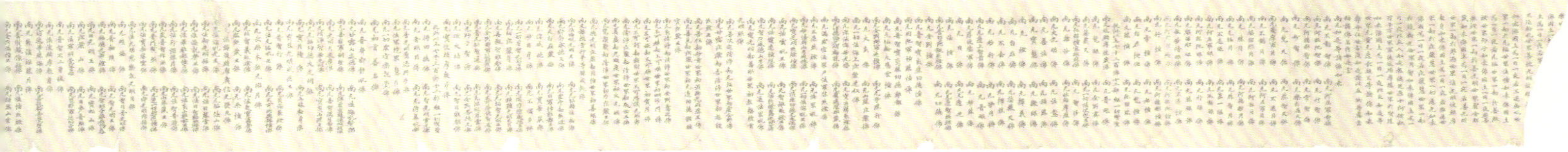

南无大明菩薩
南无无盡意菩薩
南无意王菩薩
南无无邊意菩薩
南无日意菩薩
南无月音菩薩
南无美音菩薩
南无美音聲菩薩
南无大音菩薩
南无賢精進菩薩
南无常堅菩薩
南无堅發菩薩
南无堅狂菩薩
南无常悲菩薩
南无常輕菩薩
南无法上菩薩
南无法意菩薩
南无法喜菩薩
南无法首菩薩
南无法積菩薩
南无發精進菩薩
南无智慧菩薩
南无淨威德菩薩
南无那羅延菩薩

南无高德菩薩　南无師子遊行菩薩

次礼聲聞緣覺一切賢聖

南无阿若憍陳如　南无摩訶迦葉

南无優樓頻螺迦葉　南无伽耶迦葉

南无那提迦葉　南无舍利弗

南无大目揵連　南无摩訶迦栴延

南无阿㝹樓馱　南无劫賓那

南无憍梵波提

礼三寶已次復懺悔

弟子等略懺煩惱障竟今當次苐懺悔

業障夫業能莊飾世趣在在處處是以思

業障夫業能莊飾世趣在在處處是以思
惟求離世解脫所以六道果報種種不同
形類各異當知皆是業力所作所以佛十方
中業力甚深凡夫之人多於此中好起疑惑
何以故今現見世間行善之者觸向轗軻
爲惡之者是事諧偶謂言天下善惡无
如此計者皆是不能深達業理何以
故今經中說言有三種業何等爲三一者
現報二者生報三者後報現報業者現
在作善作惡現身受報生報業者此生
作善作惡來生受報後報業者或是過
去无量生中作善作惡或於此生中受
[illegible]

[illegible]以現[illegible]如此苦過去生報後報善
業熟故所以現在有此樂果豈関現在作
諸惡業而得好報行善之人現在見苦者
是過去生中生報後報惡業熟故現在善
根力弱不能排遣是故得此苦報豈関現
在作善而招惡報何以知然現在世間爲善
之者爲人所讚歎人所尊重故知未來必招
樂果過去既有如此惡業所以諸佛菩薩
教令親近善友共行懺悔善知識者於得
道中則爲全利是故弟子等今日至誠歸
依於佛
南无東方无量離垢佛　南无南方樹花王佛
南无[illegible]方[illegible]自在佛　南无[illegible]方[illegible]佛

依才佛
南无東方无量離垢佛　南无南方樹花王佛
南无西方蓮華自在佛　南无北方金剛能破佛
南无東南方悲檀義勝佛
南无西南方金海自在王佛
南无西北方
南无東北方无㝵香象王佛
南无下方无㝵惠幢佛　南无上方甘露上王佛
如是十方盡虛空界一切三寶
弟子等无始以來至於今日積惡如恒沙
造罪滿天地捨身與受身不覺亦不知或作
五逆深厚濁纏无間罪業或造一闡提斷善
根業輕誣佛語謗方等業破戒三寶毀公

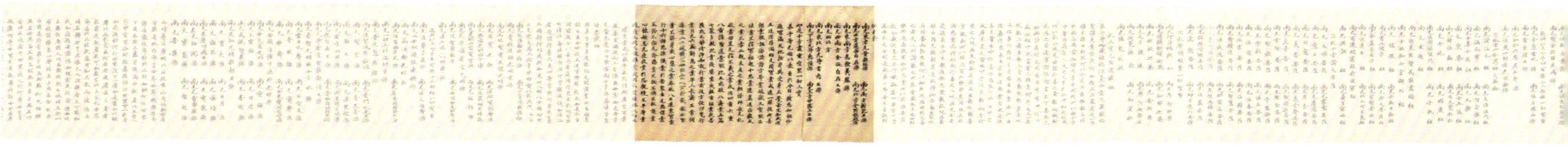

之業不孝二親反戾之業輕慢師長无礼
敬業朋友无信不義之業或作四重六重
八重障聖道業毀犯五戒破八齋業五篇
七聚多缺犯業優婆塞戒輕重垢業或菩
薩戒不能清淨如說行業前後方便汙梵行
業月无六齋懈怠之業年三長齋不常脩
脩業三千威儀不如法業八万律儀微細罪
業不脩身戒心慧之業春秋八王造衆罪業
行十六種悪律儀業於苦衆生无愍傷業
不矜不念无矜愍業不拔不濟不救護業
心懷嫉忌无瘦彼業於怨親境不平等業

不孝不念无孝恩業不扶不濟不救誚業
心懷嫉恚无度彼業於怨親境不平等業
躭荒五欲不猒離業或因衣食園林池沼生
蕩逸業或以盛年放恣情欲造衆罪業
或善有漏迴向三有障出世業如是等業
无量无邊今日發露向十方佛尊法聖衆
皆悉懺悔
願弟子等承是懺悔无量諸業所生福善
願生生世世滅五逆罪除闡提惑如是輕重
諸罪從今以去乃至道場誓更不犯恒習出
世清淨善法精持律行守護威儀如渡海
者愛惜浮囊六度四等常標行首戒定慧

大无畏大悲三念常樂如香人自在

南无然法輪威德佛　南无山峯勝威德佛

南无普精進炬光明雲佛

南无三昧賢寶天冠光明佛

南无勝寶光佛　南无法炬寶帳聲佛

南无樂法光明師子佛　南无莊嚴相月幢佛

南无光明山雷電雲佛　南无无垢幢佛

南无无㝵法虛空光明佛

南无快智華敷身　南无世間妙光明聲佛

南无法三昧光明聲佛

從此以上七千五百佛十二部經一切賢聖

南无法聲多藏佛　南无法火海聲佛

南无一上目鏡像

從此以上七千五百佛十二部經一切賢聖

南无法聲多藏佛　南无法火海聲佛

南无三世相鏡像威德佛

南无高法輪光明佛

南无法界師子光佛　南无盧舍那勝須弥佛

南无一切三昧海師子佛

南无普光慧然燈佛

南无法界城然燈佛　南无普門吼光王佛

南无賢首佛　南无普光音佛

南无胎王佛　南无法界燈佛

南无虛空山照佛　南无阿尼羅有眼佛

南无龍自在王佛　南无普照勝須弥王佛

[illegible]

南无普智光明照十方明佛

南无雲王吼聲佛　南无不空見佛

南无普照佛　南无寶聲佛

南无妙聲佛　南无金色寶作果妙稱

南无金閻浮幢于遮那光明佛

南无金色百光明佛　南无寶稱佛

南无不空稱佛　南无日受佛

南无成就智義佛　南无普賢佛

南无无垢光明雞都王佛

南无寶炎佛　南无日月佛

南无海勝佛　南无法幢佛

南无无邊功德王佛　南无寶藏佛

南无[illegible]台南佛　南无量壽華佛

南无无邊功德王佛　南无寶藏佛
南无无垢面佛　南无无量壽華佛
南无寶聚佛　南无智起佛
南无普護佛
尒時憂波摩那比丘從坐而起偏袒右肩
右膝著地白佛言世尊世尊幾佛過去
佛告優波摩那比丘辟如恒河沙世界
下至水際上盡有頂滿中微塵比丘有人
於中冣取尒所微塵過恒沙世界下一微塵
如是過恒河沙世界復下一塵如是盡尒所微
塵比丘於意云何若著微塵若不著者

[illegible]
同名釋迦牟尼佛已入涅槃者不可數知
我知彼過去諸佛如現前見彼諸佛母同
名摩訶摩耶父同名輸頭檀王城同名迦毗
羅彼諸佛弟一聲聞弟子同名舍利弗
目揵連侍者弟子同名阿難何況種種
異名母異名父異名城異名弟子異名侍
者比丘彼若千世界彼人於何等世界着
微塵何等世界不着微塵彼諸世界若着
微塵不着微塵下至水際上至有頂比丘
復有第二人取一微塵過彼若千微塵
數世界介數佛國土阿僧祇億百千万
那由他世界為一步比丘彼人如過百千万

數世界尒數佛國土阿僧祇億百千万
那由他世界爲一步比丘彼人如過百千万
億那由他阿僧祇劫行乃下一塵如是盡諸
微塵比丘如是若千世界满中微塵復更
著十方世界比丘復過是世界著微塵彼
諸世界下至水際上至有頂满中微塵比丘
於意云何彼微塵可知數不比丘言不也
世尊佛告比丘彼諸微塵可知其數彼同
名毋同名父同名弟子同名侍者同名釋
迦牟尼佛不可知數如釋迦牟尼不勝憶
佛亦如是盧舍那佛亦如是无垢勝眼佛

就无邊功德勝王佛亦如是寶光明佛亦
如是寂脩佛亦如是聲德佛亦如是波頭
摩勝佛亦如是日月佛亦如是普寶蓋佛亦如
是比丘汝當歸命如是等阿僧祇同名佛
南无普照佛　南无藥王佛
南无弥留燈王佛　南无寶莊嚴佛
南无智成就佛　南无寶蓋佛
南无放炎佛　南无物成就佛
南无稱佛　南无三昧勝佛
南无寶觀佛　南无寶雞都佛
南无尸羅施佛　南无莎羅王佛
南无寶雞兜王佛　南无大嚴佛

南无尸羅施佛
南无寶雞兒王佛
南无山自在王佛
南无見義佛
南无大弥留佛
南无大莊嚴佛
南无日藏佛
南无梵自在佛
南无智雞兒佛
南无一切世間佛
南无无垢光佛
南无一切勝佛

南无[illegible]王佛
南无大嚴佛
南无旃陁佛
南无自在幢佛
南无无光勝佛
南无大智幢佛
南无无畏上勝山王佛
南无餘依心點聲王佛
南无智炬住持佛
南无法照佛
南无普光佛
南无寂靜妙聲佛

南无舊[illegible]佛　南无[illegible]住持佛

南无切德王光佛　南无住持智達燎佛

南无樂說勝王佛

南无金色波頭摩成王佛

南无難勝佛　南无寶作佛

南无无量聲佛　南无親光佛

南无龍天佛　南无天力佛

南无師子佛　南无離諍光佛

南无世天佛　南无勝積佛

從此以上七千六百佛十二部經一切賢聖

南无人王佛　南无華王佛

南无華勝佛　南无發精進佛

南无因世羅離鬼佛　南无清淨无垢光佛

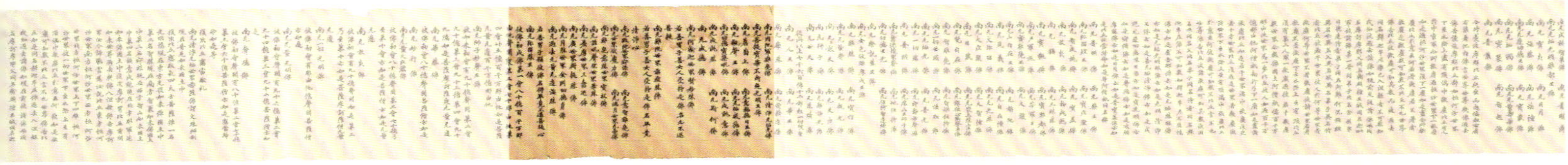

南无因陁羅雞兜佛　南无清淨无垢光佛
南无菩提寶華不斷絶光明王佛
南无薝蔔上佛　南无意福德日王佛
南无觀聲王佛　南无无垢威德佛
南无功德寶集吼佛　南无成就意佛
南无成就勝佛　南无斯何佛
南无威德佛
南无阿輸迦世界賢妙勝佛
若善男子善女人受持是佛名必不退
菩提
南无難陁世界旃檀勝佛

南无跋陁世界婬染佛　南无意智雞兒佛
南无世界破魔力佛　南无滿月世界无憂佛
南无雞兒意勝世界寶杖佛
南无語吼聲勝世界華勝佛
南无差摩世界三奮迅佛
南无廣世界樹提勝佛
南无月勝世界金剛功德身佛
南无過去无量无邊海勝佛
若善男子稱彼佛名得畢竟不退菩提心
南无弥留勝王佛
彼佛初成佛第一會八十億百千万那
由他聲聞衆第二會七十一那由他聲

南无殊留勝王佛
彼佛初成佛第一會八十億百千万那
由他聲聞衆第二會七十那由他第
四會卅五億百千万那由他如是菩薩
无量无邊百千万億那由他
南无師子妙聲王佛
彼如来初會有九十億聲聞第二會
九十億第三會九十三億第四會九十
九億如是菩薩摩訶薩衆无量无邊
南无華勝佛
彼佛初會八十億聲聞菩薩僧亦如是
南无妙行佛
南无[illegible]佛

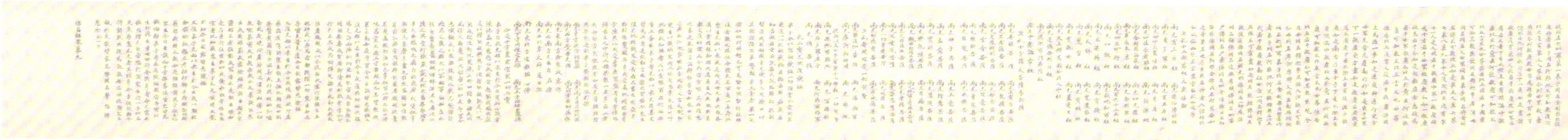

至苐十會亦如是菩薩僧亦如是无量
无邊
南无放炎佛
彼佛初會有九十億聲聞如是苐二
乃至苐十亦如是菩薩摩訶薩僧无量
无邊
南无一切光明佛
彼佛初會有那由他億聲聞菩薩僧
亦如是
南无无量光明佛
彼佛初會聲聞有九十六億苐二會
九十四億苐三會九十二億菩薩僧亦如

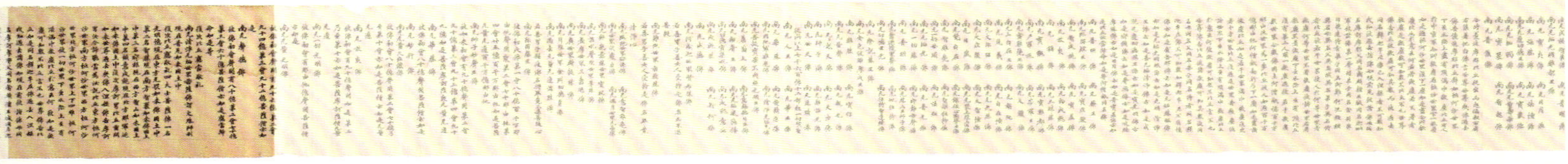

彼佛初會聲聞有九十六億苐二會
九十四億苐三會九十二億菩薩僧亦如
是
南无聲德佛
彼佛初會聲聞有八十億苐二會七十億
苐三會六十億菩薩僧亦如是應當歸
命如是等
復次比丘應當敬礼
南无清淨无垢世界菩薩佛謂文殊師利
現在普見如来國土中
復次比丘應敬礼四大士菩薩佛一名
光明憶現在東方无畏如来佛國土中
[illegible]二名智慧現在南方智[illegible]如来佛國土

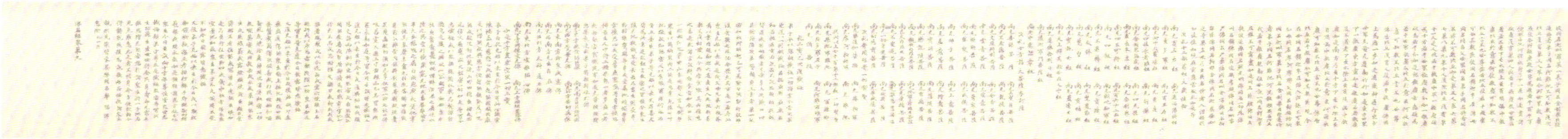

中葉四名顛意成就現在北方那羅延
如来佛國土中復次摩訶男比丘重問
如来世尊過去幾佛入涅槃佛告摩訶
男汝今諦聽當爲汝說比丘東方恒河
沙世界南方恒河沙世界西方恒河沙
世界北方恒河沙世界上下四維恒河
沙世界彼一切世界下至水際上至有
頂端中微塵比丘於意云何彼如是微
塵可知數不比丘言不也世尊佛告比
丘如是同名釋迦牟尼佛過去入涅槃
我知過去諸佛如現在前彼諸佛母同
名摩訶摩耶父同名輸頭檀王成同名迦

丘如是同名釋迦牟尼佛過去入涅槃
我知過去諸佛如現在前彼諸佛母同
名摩訶摩耶父同名輸頭檀王城同名迦
毗羅彼佛第一聲聞弟子同名舍利弗目揵
連侍者弟子同名阿難陁何況種種異名
母異名父異名城異名弟子異名侍者異
名比丘彼若干世界彼人於何等世界著
微塵何等世界不著微塵彼諸世界若著
微塵及不著者下至水際上至有頂比丘
復有第二人取彼微塵彼若干微塵數世
界尒所佛國土阿僧祇億百千万那由他
世界過尒所世界為一步比丘彼人復過若

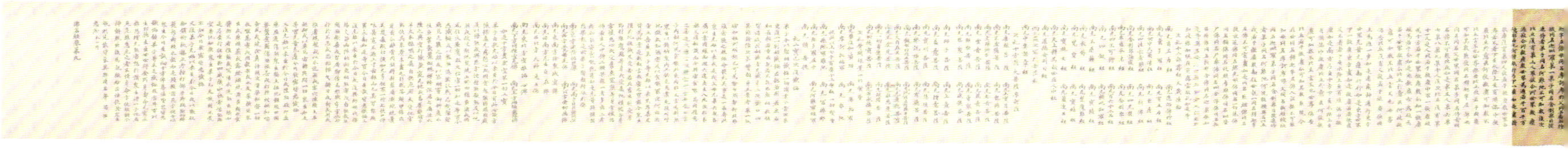

億那由他阿僧祇行乃下一塵如是盡諸
微塵比丘如是若千世界若著微塵及不
著者滿中微塵復更著十方世界比丘復
過是世界若著微塵及不著者彼諸世界
下至水際上至有頂滿中微塵比丘於意
云何彼諸微塵可知數不比丘言不也世尊
佛告比丘彼諸微塵可知其數彼同名釋
迦牟尼佛母同名摩訶摩耶父同名輸頭檀
城同名迦毗羅第一弟子同名舍利弗目揵
連侍者弟子同名阿難陁不可知數復次
比丘復有第三人取彼尒所世界微塵
過彼尒所微塵數世界為過若千百千万
億那由他阿僧祇行乃下一塵如是盡諸

比丘復有第三人取彼介所世界微塵
過彼介所微塵數世界爲過若干百千万
億那由他阿僧祇行乃下一塵如是盡諸
微塵復有第四人彼若干微塵數世界若
着若不着下至水際上至有頂滿中微
塵比丘於意云何彼微塵可知數不
比丘言不也世尊佛告比丘彼若干微塵
可知其數然彼同名釋迦牟尼佛母
同名同名父世界同名弟子同名侍者同
名佛不可數比丘如是第五人第六第
七第八第九第十人復次比丘復有第
十一人是人彼若干微塵中取一微塵破
爲十方若干世界微塵數如一微塵

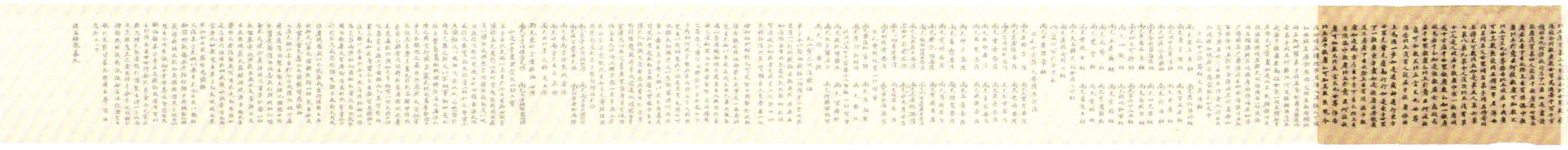

若千世界微塵分比丘於意云何彼微
塵可知數不比丘言不也世尊
佛告比丘復有人彼若千微塵佛國
土為過一步如是速疾神通行東方
世界无量无邊劫行行如是東方世界
下一微塵東方盡如是微塵若著微塵
及不著者下至水際上至有頂滿中微
塵如是南方乃至十方下至水際上至
有頂滿中微塵比丘於意云何彼微
塵可知數不比丘言不也世尊佛告
比丘若千微塵分可知其數然現今

比丘若干微塵分可知其數然現今
在世同名釋迦牟尼佛入涅槃不可數
知母同名摩訶摩耶父同名輸頭檀城
同名迦毗羅城弟子同名舍利弗目揵連侍
者弟子同名阿難陁何況種種異名比丘
我若干微塵數劫住世說一同名釋迦牟
尼佛不可窮盡如是同名然燈佛同名
提波延佛同名燈光明佛同名一切勝佛
同名稱佛同名波頭摩頭佛同名毗婆
尸佛同名尸棄佛同名毗舍浮佛同名拘
留孫佛同名拘那含佛同名迦葉佛如
是等異名母乃至異名侍者入涅槃我

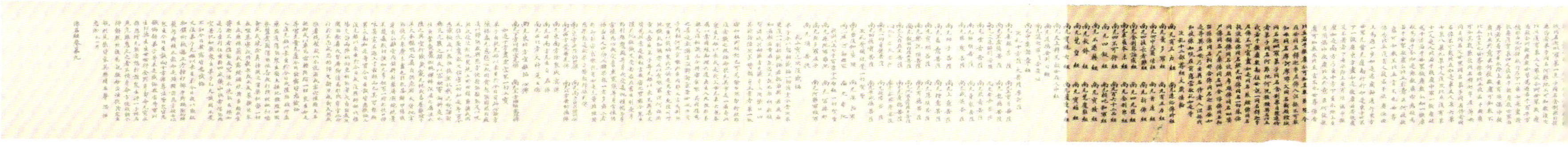

南无有三力經　南无造浴佛時經
南无憂多羅經　南无有五力經
南无河中大聚沫經　南无首達經
南无四性長者難經　南无折佛經
南无舍利弗悔疾經　南无四无畏經
南无車匿本末經　南无舍利弗經
南无四不可得經　南无百六十二品經
南无四飯經　南无賴吒和羅經
南无不退轉經　南无寶積經
南无枚鉢經　南无梵魔難經
南无梵皇經　南无寶結經
南无寶施女經　南无藍達王經

南无梵皇經　南无寶結經
南无寶施女經　南无藍達王經
南无天上釋爲故世在人中經
南无道德舍利日經
南无隨迦羅門菩薩經
南无中要語章經
次礼十方諸大菩薩摩訶薩
南无善根菩薩　南无上寶月菩薩
南无不虛德菩薩　南无龍德菩薩
南无文殊師利菩薩　南无妙音菩薩
南无雲音菩薩　南无勝意菩薩
南无照照菩薩　南无勇衆菩薩
南[illegible]菩薩　南[illegible]

南无師子菩薩　南无上意菩薩
南无益意菩薩　南无增意菩薩
南无寶明菩薩　南无慧頂菩薩
南无樂說頂菩薩　南无有德菩薩
南无觀世自在王菩薩　南无陁羅尼自在王菩薩
南无大自在王菩薩　南无无憂德菩薩
南无不虛見菩薩　南无離惡道菩薩
南无一切勇健菩薩　南无破闇菩薩
南无功德寶菩薩　南无華威德菩薩
次礼聲聞緣覺一切賢聖
南无畢陵伽婆蹉　南无薄拘羅
南无摩訶拘絺羅　南无難陁

南无摩訶拘絺羅　南无難陀

從此以上七千百佛十二部經一切賢聖

南无孫陁羅難陀　南无富樓那

南无弥多羅尼子　南无阿難羅睺羅

南无須菩提

礼三寶已次復懺悔

弟子今以惣相懺悔一切諸業今當次第

更復一一别相懺悔若揔若别若麁若

細若輕若重若説若不説品類相從願

皆消滅别相懺者先懺身三次懺口四

其餘諸障次第稽顙身三業者第一煞

[illegible]
衆生无始以来或是我父母兄弟六親眷
屬以業因緣輪迴六道出生入死改形易
報不復相識而今興害食噉其肉傷慈
之甚是故佛言設得餘食當如飢世食
子肉相何況食噉此魚肉耶又言為利煞
衆生以錢納衆肉二俱是惡業死墮叫呼
地獄故知煞害及以食噉罪深河海過
重丘岳然弟子等无始以来不遇善友
皆為此業是故經言殺害之罪能令衆生
墮於地獄餓鬼受苦若在畜生則受虎
豹豺狼鷹鷂等身或受毒虵蝮蝎等身
常懷惡心或受麞鹿羆熊等身常懷怨

常懷惡心或受麞鹿羆熊等身常懷恐
怖若生人中得二種果報一者多病二者
斷命煞害食噉既有如是无量種種諸
惡果報是故弟子稽顙歸依於佛
南无東方滅諸怖畏佛　南无南方日月燈明佛
南无西方覺華光佛　南无北方發一切德佛
南无東南方除衆咸冥佛
南无西南方无生自在佛
南无西北方大神通王佛
南无東北方空離垢心佛
南无下方同像空无佛　南无上方瑠璃藏勝佛

懷挾毒无慈愍心或因貪起煞因瞋因癡
及以煬煞或興悪方便揩煞願煞及以呪
煞或破決湖池焚燒山野田獵魚捕或因
風仿火飛鷹放犬惱害一切如是等罪今
悉懺悔或以檻擩挽撥扠戟弓弩彈射
飛鳥走獸之類或以罛網罾鈎料度水
性魚鱉黿鼉蝦蜆螺蜂濕居之屬使水
陸之與空行懺藏竄无地或畜養雞豬牛
羊犬豕鵝鴨之屬自供庖廚或貨他宰
煞使其哀聲未盡毛羽脫落鱗甲傷毀
身首分離骨肉銷碎剥裂屠割炮燒煑
炙楚毒酸切横加无辜但取一時之快口得

苦楚毒酸切横加无辜但取一時之快口得
味甚宜不過三寸舌根而已其罪報殃
累永劫如是等罪今日至誠皆悉懺悔又
復无始以来至於今日或復興師相伐彊
場交諍兩陣相向更相煞害或自煞教煞
聞煞歡喜或習屠膾債為形戮亨宰他命
行於不忍或恣忿揮戈擲刃或斬或剌或
推着坑塹或以水沉溺或塞穴壞巢土石
磓砰或以車馬雷轢踐蹋一切衆生如是
等罪无量无邊今日發露皆悉懺悔
又復无始以来至於今日或墮胎破卵毒

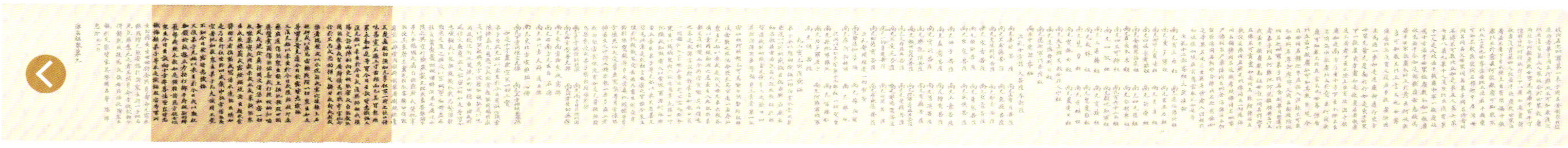

蚉虱或燒除糞掃開決溝渠枉害一切
或噉菓實或用穀米或水或菜撗煞衆
生或然燋薪或露燈燭燒諸虫類或食
醬酢不看搖動或寫湯水澆煞虫蟻如
是乃至行住坐卧四威儀中恒常傷煞飛
空着地細微衆生弟子凡夫識闇不覺
不知今日發露皆悉懺悔
又復弟子无始以來至於今日或以鞭杖
枷鎖桁械壓立考掠打擲手脚蹴蹋的縛
籠繫斷絶水穀如是種種諸惡方便苦惱
衆生今日至誠向十方佛尊法聖衆皆悉
懺悔願弟子等承是懺悔殺害等罪所

懺悔顛弟子等承是懺悔殺害等罪所
生功德生生世世得金剛身壽命无窮永
離怨憎无煞害想於諸衆生得一子地若
見危難急厄之者不惜身命方便救解令
得解脱然後爲說微妙正法使諸衆生
覩形見影皆蒙其樂聞名聲恐怖
悉除 礼一拜

佛名經卷第九

BD00343　佛名經（十六卷本）卷九

BD00345 大般若波羅蜜多經卷二一二

（唐）玄奘 譯

BD00345v 勘記

270.4cm × 25.7cm

善現無際空清淨故預流
故一切智智清淨何以故若無際
流果清淨若一切智智清淨無二無二分無
別無斷故無際空清淨故一來不還阿
羅漢果清淨一來不還阿羅漢果清淨故一
切智智清淨何以故若無際空清淨若一來
不還阿羅漢果清淨若一切智智清淨無二
無二分無別無斷故善現無際空清淨故獨
覺菩提清淨獨覺菩提清淨故一切智智
清淨何以故若無際空清淨若獨覺菩提清淨
若一切智智清淨無二無二分無別無斷故
善現無際空清淨故一切菩薩摩訶薩行清
淨一切菩薩摩訶薩行清淨故一切智智清
淨何以故若無際空清淨若一切菩薩摩訶

別無斷故善現無際空清淨故諸佛無上正
等菩提清淨諸佛無上正等菩提清淨故一
切智智清淨何以故若無際空清淨若諸佛
無上正等菩提清淨若一切智智清淨無二
無二分無別無斷故
復次善現散空清淨故色清淨色清淨故一
切智智清淨何以故若散空清淨若色清淨
若一切智智清淨無二無二分無別無斷故
散空清淨故受想行識清淨受想行識清淨
故一切智智清淨何以故若散空清淨若受想
行識清淨若一切智智清淨無二無二分無別
別無斷故善現散空清淨故眼處清淨眼處
清淨故一切智智清淨何以故若散空清淨

別無斷故善現散空清淨故眼處清淨眼處
清淨故一切智智清淨何以故若散空清淨
若眼處清淨若一切智智清淨無二無二
分無別無斷故散空清淨故耳鼻舌身意
處清淨耳鼻舌身意處清淨故一切智智清淨
何以故若散空清淨若耳鼻舌身意處清淨
若一切智智清淨無二無二分無別無斷故
善現散空清淨故色處清淨色處清淨故一
切智智清淨何以故若散空清淨若色處清
淨若一切智智清淨無二無二分無別無斷
故散空清淨故聲香味觸法處清淨聲香味
觸法處清淨故一切智智清淨何以故若散
空清淨若聲香味觸法處清淨若一切智智
清淨無二無二分無別無斷故善現散空清

清淨無二無二分無別無斷故散空清淨故
色界眼識界及眼觸眼觸為緣所生諸受清
淨色界乃至眼觸為緣所生諸受清淨故一
切智智清淨何以故若散空清淨若色界乃
至眼觸為緣所生諸受清淨若一切智智清
淨無二無二分無別無斷故善現散空清淨
故耳界清淨耳界清淨故一切智智清淨何
以故若散空清淨若耳界清淨若一切智智清
淨無二無二分無別無斷故散空清淨故聲
界耳識界及耳觸耳觸為緣所生諸受清淨
聲界乃至耳觸為緣所生諸受清淨故一切
智智清淨何以故若散空清淨若聲界乃至
耳觸為緣所生諸受清淨若一切智智清淨
無二無二分無別無斷故善現散空清淨

耳觸為緣所生諸受清淨若一切智智清淨
無二無二分無別無斷故善現散空清淨
故鼻界清淨鼻界清淨故一切智智清淨何
以故若散空清淨若鼻界清淨若一切智智
清淨無二無二分無別無斷故散空清淨故
香界鼻識界及鼻觸鼻觸為緣所生諸受清
淨香界乃至鼻觸為緣所生諸受清淨故一
切智智清淨何以故若散空清淨若香界乃
至鼻觸為緣所生諸受清淨若一切智智清淨
無二無二分無別無斷故善現散空清淨
故舌界清淨舌界清淨故一切智智清淨何
以故若散空清淨若舌界清淨若一切智智
清淨無二無二分無別無斷故散空清淨故

切智智清淨何以故若散空清淨若味界乃
至舌觸為緣所生諸受清淨若一切智智清
淨無二無二分無別無斷故善現散空清淨
故身界清淨身界清淨故一切智智清淨何
以故若散空清淨若身界清淨若一切智智
清淨無二無二分無別無斷故散空清淨故
觸界身識界及身觸身觸為緣所生諸受清
淨觸界乃至身觸為緣所生諸受清淨故一
切智智清淨何以故若散空清淨若觸界乃
至身觸為緣所生諸受清淨若一切智智清淨
無二無二分無別無斷故善現散空清淨
故意界清淨意界清淨故一切智智清淨何
以故若散空清淨若意界清淨若一切智智清
淨無二無二分無別無斷故散空清淨故法

故意界清淨意界清淨故一切智智清淨何
以故若散空清淨若意界清淨若一切智智清
淨無二無二分無別無斷故散空清淨故法
界意識界及意觸意觸為緣所生諸受清淨
法界乃至意觸為緣所生諸受清淨故一切
智智清淨何以故若散空清淨若法界乃至
意觸為緣所生諸受清淨若一切智智清淨
無二無二分無別無斷故善現散空清淨
故地界清淨地界清淨故一切智智清淨何
以故若散空清淨若地界清淨若一切智智
清淨無二無二分無別無斷故散空清淨故
水火風空識界清淨水火風空識界清淨故一
切智智清淨何以故若散空清淨若水火風
空識界清淨若一切智智清淨無二無二

清淨若無明清淨若一切智智清淨無二無
二分無別無斷故散空清淨故行識名色六
處觸受愛取有生老死愁歎苦憂惱清淨行
乃至老死愁歎苦憂惱清淨故一切智智清
淨何以故若散空清淨若行乃至老死愁歎
苦憂惱清淨若一切智智清淨無二無二分
無別無斷故
善現散空清淨故布施波羅蜜多清淨布施
波羅蜜多清淨故一切智智清淨何以故若散
空清淨若布施波羅蜜多清淨若一切智
智清淨無二無二分無別無斷故散空清淨
故淨戒安忍精進靜慮般若波羅蜜多清淨
淨戒乃至般若波羅蜜多清淨故一切智智清
淨何以故若散空清淨若淨戒乃至般若波

BD00345　大般若波羅蜜多經卷二一二

淨戒乃至般若波羅蜜多清淨故一切智智清
淨何以故若散空清淨若淨戒乃至般若波
羅蜜多清淨若一切智智清淨無二無二分
無別無斷故善現散空清淨故內空清淨
內空清淨故一切智智清淨何以故若散空
清淨若內空清淨若一切智智清淨無二無
二分無別無斷故散空清淨故外空內外空
空空大空勝義空有為空無為空畢竟空無
際空無變異空本性空自相空共相空一切
法空不可得空無性空自性空無性自性空清
淨外空乃至無性自性空清淨故一切智智
清淨何以故若散空清淨若外空乃至無性
自性空清淨若一切智智清淨無二無二分
無別無斷故善現散空清淨故真如清淨真

分無別無斷故散空清淨故法界法性不虛
妄性不變異性平等性離生性法定法住實
際虛空界不思議界清淨法界乃至不思議界
清淨故一切智智清淨何以故若散空清淨
若法界乃至不思議界清淨若一切智智
清淨無二無二分無別無斷故散空清
淨故苦聖諦清淨苦聖諦清淨故一切智智
清淨何以故若散空清淨若苦聖諦清淨若
一切智智清淨無二無二分無別無斷故散
空清淨故集滅道聖諦清淨集滅道聖諦
清淨故一切智智清淨何以故若散空清淨若
集滅道聖諦清淨若一切智智清淨無二無
二分無別無斷故善現散空清淨故四靜
慮清淨四靜慮清淨故一切智智清淨何以故

處清淨四靜慮清淨故一切智智清淨何以故
若散空清淨若四靜慮清淨若一切智智清
淨無二無二分無別無斷故散空清淨故四
無量四無色定清淨四無量四無色定清淨故
一切智智清淨何以故若散空清淨若四無
量四無色定清淨若一切智智清淨無二無
二分無別無斷故善現散空清淨故八解
脫清淨八解脫清淨故一切智智清淨何
以故若散空清淨若八解脫清淨若一切智
智清淨無二無二分無別無斷故散空清淨
故八勝處九次第定十遍處清淨八勝處九
次第定十遍處清淨故一切智智清淨何以故
若散空清淨若八勝處九次第定十遍處清

故一切智智清淨何以故若散空清淨若四
念住清淨若一切智智清淨無二無二分無別
無斷故散空清淨故四正斷四神足五根五
力七等覺支八聖道支清淨四正斷乃至八
聖道支清淨故一切智智清淨何以故若散
空清淨若四正斷乃至八聖道支清淨若一
切智智清淨無二無二分無別無斷故善現
散空清淨故空解脫門清淨空解脫門清淨
故一切智智清淨何以故若散空清淨若空
解脫門清淨若一切智智清淨無二無二分
無別無斷故散空清淨故無相無願解脫門

BD00345v　勘記

BD00346 大般若波羅蜜多經卷七九

（唐）玄奘 譯

48.8cm × 26.8cm

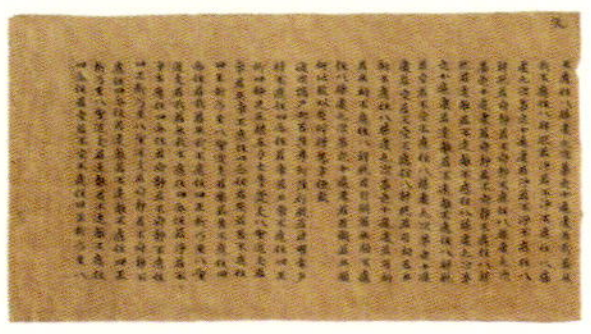

兑

不應住八勝處九次第定十遍處若我若無
我不應住八解脫若淨若不淨不應住八勝
處九次第定十遍處若淨若不淨不應住八
解脫若寂靜若不寂靜不應住八勝處九次
第定十遍處若寂靜若不寂靜不應住八解
脫若遠離若不遠離不應住八勝處九次第
定十遍處若遠離若不遠離不應住八解脫
若空若不空不應住八勝處九次第定十遍
處若空若不空不應住八解脫若有相若無
相不應住八勝處九次第定十遍處若有相
若無相不應住八解脫若有願若無願不應
住八勝處九次第定十遍處若有願若無願
何以故以有所得爲方便故
復次善現若菩薩摩訶薩修行般若波羅蜜多

斷四神足五根五力七等覺支八聖道支若
常若無常不應住四念住若樂若苦不應住
四正斷乃至八聖道支若樂若苦不應住四
念住若我若無我不應住四正斷乃至八聖
道支若我若無我不應住四念住若淨若不
淨不應住四念住若寂靜若不寂靜不應住
四正斷乃至八聖道支若寂靜若不寂靜不
應住四念住若遠離若不遠離不應住四正
斷乃至八聖道支若遠離若不遠離不應住
四念住若空若不空不應住四正斷乃至八

BD00347 妙法蓮華經卷六

（後秦）鳩摩羅什 譯

829.1cm × 25.2cm

義而說偈言
若於大衆中　以无所畏心　說
是人得八百　功德殊勝眼　以是
父母所生眼　悉見三千界　内外
并諸餘山林　大海江河水　下至
其中諸衆生　一切皆悉見　雖未
復次常精進若善男子
讀若誦若解說若書寫
是清淨耳聞三千大千世
上至有頂其中内外種種
聲牛聲車聲啼哭聲愁嘆
鈴聲咲聲語聲男聲女聲
聲非法聲苦聲樂聲凡夫

風聲地獄聲畜生聲餓鬼聲比
聲聞聲辟支佛聲菩薩聲佛聲
三千大千世界中一切內外所有諸聲
得天耳以父母所生清淨常耳皆悉聞知如
是分別種種音聲而不壞耳根尒時世尊欲
重宣此義而說偈言

父母所生耳　清淨无濁穢　以此常耳聞　三千世界聲
象馬車牛聲　鍾鈴螺鼓聲　琴瑟箜篌聲　簫笛之音聲
清淨好歌聲　聽之而不著　无數種人聲　聞悉能解了
又聞諸天聲　微妙之歌音　及聞男女聲　童男童女聲
山川嶮谷中　迦陵頻伽聲　命命等諸鳥　悉聞其音聲
地獄衆苦痛　種種楚毒聲　餓鬼飢渴逼　求索飲食聲
諸阿脩羅等　居在大海邊　自共語言時　出于大音聲
如是說法者　安住於此間　遥聞是衆聲　而不壞耳根

如是說法者　安住於此閒　遥聞是衆聲　而不壞耳根
十方世界中　禽獸鳴相呼　其說法之人　於此悉聞之
其諸梵天上　光音及遍淨　乃至有頂天　言語之音聲
法師住於此　悉皆得聞之　一切比丘衆　及諸比丘尼
若讀誦經典　若爲他人說　法師住於此　悉皆得聞之
復有諸菩薩　讀誦於經法　若爲他人說　撰集解其義
如是諸音聲　悉皆得聞之　諸佛大聖尊　教化衆生者
於諸大衆中　演說微妙法　持此法華者　悉皆得聞之
三千大千界　内外諸音聲　下至阿鼻獄　上至有頂天
皆聞其音聲　而不壞耳根　其耳聰利故　悉能分別知
持是法華者　雖未得天耳　但用所生耳　功德已如是
復次常精進　若善男子善女人受持是經若
讀若誦若解說若書寫成就八百鼻功德以
是清淨鼻根聞於三千大千世界上下内外
種種

白蓮華香華樹香菓樹香栴檀香沉水香多
摩羅跋香多伽羅香及千万種和香若末若
丸若塗香持是經者於此閒住悉能分別又
復別知衆生之香烏香馬香牛羊等香男香
女香童子香童女香及草木叢林香若近若
遠所有諸香悉皆得聞分別不錯持是經者
雖住於此亦聞天上諸天之香波利質多羅
拘鞞陁羅樹香及曼陁羅華香摩訶曼陁羅
華香曼殊沙華香摩訶曼殊沙華香栴檀沉
水種種末香諸雜華香如是等天香和合所
出之香无不聞知又聞諸天身香釋提桓因
在勝殿上五欲娛樂嬉戲時香若在妙法堂
上爲忉利諸天說法時香若於諸園遊戲時
香及餘天等男女身香皆悉遥聞如是展轉

BD00347　妙法蓮華經卷六

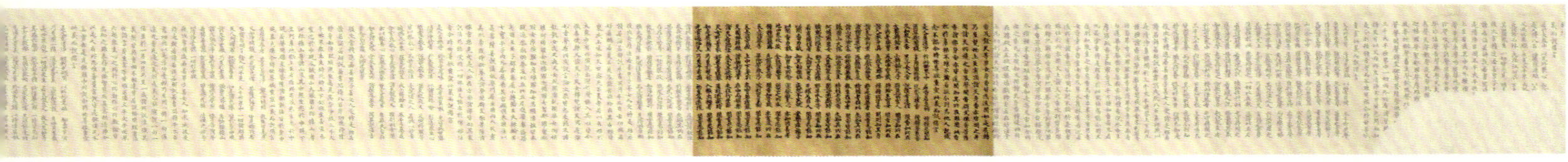

香及餘天等男女身香皆悉遥聞如是展轉
乃至梵世上至有頂諸天身香亦皆聞之并
聞諸天所燒之香及聲聞香辟支佛香菩薩
香諸佛身香亦皆遥聞知其所在雖聞此香
然於鼻根不壞不錯若欲分別為他人説憶
念不謬尒時世尊欲重宣此義而説偈言
是人鼻清淨　於此世界中　若香若臭物　種種悉聞知
須曼那闍提　多摩羅栴檀　沉水及桂香　種種華菓香
及知衆生香　男子女人香　説法者遠住　聞香知所在
大勢轉輪王　小轉輪及子　群臣諸宫人　聞香知所在
身所著珎寶　及地中寶藏　轉輪王寶女　聞香知所在
諸人嚴身具　衣服及瓔珞　種種所塗香　聞則知其身
諸天若行坐　遊戲及神變　持是法華者　聞香悉能知
諸樹華菓實　及蘇油香氣　持經者住此　悉知其所在

阿脩羅男女　及其諸眷屬　鬪諍遊戲時　聞香皆能知
曠野險隘處　師子象虎狼　野牛水牛等　聞香知所在
若有懷妊者　未辯其男女　无根及非人　聞香悉能知
以聞香力故　知其初懷妊　成就不成就　安樂產福子
以聞香力故　知男女所念　染欲癡恚心　亦知脩善者
地中衆伏藏　金銀諸珎寶　銅器之所盛　聞香悉能知
種種諸瓔珞　无能識其價　聞香知貴賤　出處及所在
天上諸華等　曼陁曼殊沙　波利質多樹　聞香悉能知
天上諸宮殿　上中下差別　衆寶華莊嚴　聞香悉能知
天園林勝殿　諸觀妙法堂　在中而娛樂　聞香悉能知
諸天若聽法　或受五欲時　來往行坐臥　聞香悉能知
天女所著衣　好華香莊嚴　周旋遊戲時　聞香悉能知
如是展轉上　乃至於梵世　入禪出禪者　聞香悉能知
光音遍淨天　乃至于有頂　初生及退沒　聞香悉能知

如是展轉上　乃至於梵世　入禪出禪者　聞香悉能知
光音遍淨天　乃至于有頂　初生及退沒　聞香悉能知
諸比丘衆等　於法常精進　若坐若經行　及讀誦經法
或在林樹下　專精而坐禪　持經者聞香　悉知其所在
菩薩志堅固　坐禪若讀誦　或為人說法　聞香悉能知
在在方世尊　一切所恭敬　愍衆而說法　聞香悉能知
衆生在佛前　聞經皆歡喜　如法而脩行　聞香悉能知
雖未得菩薩　无漏法生鼻　而是持經者　先得此鼻相
復次常精進若善男子善女人受持是經若
讀若誦若解說若書寫得千二百舌功德若
好若醜若美不美及諸苦澁物在其舌根皆
變成上味如天甘露无不美者若以舌根於
大衆中有所演說出深妙聲能入其心皆令
歡喜快樂又諸天子天女釋梵諸天聞是深

龍龍女夜叉夜叉女乾闥婆乾闥婆女阿脩
羅阿脩羅女迦樓羅迦樓羅女緊那羅緊那
羅女摩睺羅伽摩睺羅伽女為聽法故皆来
親近恭敬供養及比丘比丘尼優婆塞優婆
夷國王王子群臣眷屬小轉輪王大轉輪王
七寶千子內外眷屬乘其宮殿俱来聽法以
是菩薩善說法故婆羅門居士國內人民盡
其形壽隨侍供養又諸聲聞辟支佛菩薩諸
佛常樂見之是人所在方面諸佛皆向其處
說法悉能受持一切佛法又能出於深妙法
音尒時世尊欲重宣此義而說偈言
是人舌根淨　終不受惡味　其有所食噉　悉皆成甘露
以深淨妙音　於大眾說法　以諸因緣喻　引導眾生心
聞者皆歡喜　設諸上供養　諸天龍夜叉　及阿脩羅等
皆以恭敬心　而共来聽法　是說法之人　若欲以妙音

聞者皆歡喜　設諸上供養　諸天龍夜叉　及阿脩羅等
皆以恭敬心　而共來聽法　是說法之人　若欲以妙音
遍滿三千界　隨意即能至　大小轉輪王　及千子眷屬
合掌恭敬心　常來聽受法　諸天龍夜叉　羅刹毗舍闍
亦以歡喜心　常樂來供養　梵天王魔王　自在大自在
如是諸天衆　常來至其所　諸佛及弟子　聞其說法音
常念而守護　或時為現身
復次常精進若善男子善女人受持是經若
讀若誦若解說若書寫得八百身功德得清
淨身如淨琉璃衆生憙見其身淨故三千大
千世界衆生生時死時上下好醜生善處惡
處悉於中現及鐵圍山大鐵圍山彌樓山摩
訶彌樓山等諸山及其中衆生悉於中現下
至阿鼻地獄上至有頂所有及衆生悉於中

若持法華者　其身甚清淨　如彼淨琉璃　衆生皆憙見
又如淨明鏡　悉見諸色像　菩薩於淨身　皆見世所有
唯獨自明了　餘人所不見　三千世界中　一切諸群萌
天人阿脩羅　地獄鬼畜生　如是諸色像　皆於身中現
諸天等宮殿　乃至於有頂　鐵圍及弥樓　摩訶弥樓山
諸大海水等　皆於身中現　諸佛及聲聞　佛子菩薩等
若獨若在衆　說法悉皆現　雖未得无漏　法性之妙身
以清淨常體　一切於中現
復次常精進若善男子善女人如來滅後受
持是經若讀若誦若解說若書寫得千二百
意功德以是清淨意根乃至聞一偈一句通
達无量无邊之義解是義已能演說一句一
偈至於一月四月乃至一歲諸所說法隨其
義趣皆與實相不相違背若說俗間經書治

BD00347　妙法蓮華經卷六

義趣皆與實相不相違背若說俗間經書治
世語言資生業等皆順正法三千大千世界
六趣衆生心之所行心所動作心所戲論皆
悉知之雖未得无漏智慧而其意根清淨如
此是人有所思惟籌量言說皆是佛法无不
真實亦是先佛經中所說尒時世尊欲重宣
此義而說偈言
是人意清淨　明利无穢濁　以此妙意根　知上中下法
乃至聞一偈　通達无量義　次第如法說　月四月至歲
是世界內外　一切諸衆生　若天龍及人　夜叉鬼神等
其在六趣中　所念若干種　持法華之報　一時皆悉知
十方无數佛　百福莊嚴相　為衆生說法　悉聞能受持
思惟无量義　說法亦无量　終始不忘錯　以持法華故
悉知諸法相　隨義識次第　達名字語言　如所知演說

是人持此經 安住希有地 為一切衆生 歡喜而愛敬
能以千万種 善巧之語言 分別而說法 持法華經故

妙法蓮華經常不輕菩薩品第二十

尒時佛告得大勢菩薩摩訶薩汝今當知若
比丘比丘尼優婆塞優婆夷持法華經者若
有惡口罵詈誹謗獲大罪報如前所說其所
得功德如向所說眼耳鼻舌身意清淨得大
勢乃往古昔過无量无邊不可思議阿僧祇
劫有佛名威音王如來應供正遍知明行足
善逝世間解无上士調御丈夫天人師佛世
尊劫名離衰國名大成其威音王佛於彼世
中為天人阿脩羅說法為求聲聞者說應四
諦法度生老病死究竟涅槃為求辟支佛者
說應十二因緣法為諸菩薩因阿耨多羅三

說應十二因緣法為諸菩薩因阿耨多羅三
藐三菩提說應六波羅蜜法究竟佛慧得大
勢是威音王佛壽四十万億那由他恒河沙
劫正法住世劫數如一閻浮提微塵像法住
世劫數如四天下微塵其佛饒益衆生已然
後滅度正法像法滅盡之後於此國土復有
佛出亦号威音王如來應供正遍知明行足
善逝世間解无上士調御丈夫天人師佛世
尊如是次苐有二万億佛皆同一号冣初威
音王如來既已滅度正法滅後於像法中增
上慢比丘有大勢力尒時有一菩薩比丘名
常不輕得大勢以何因緣名常不輕是比丘
凡有所見若比丘比丘尼優婆塞優婆夷皆
悉礼拜讚嘆而作是言我深敬汝等不敢輕

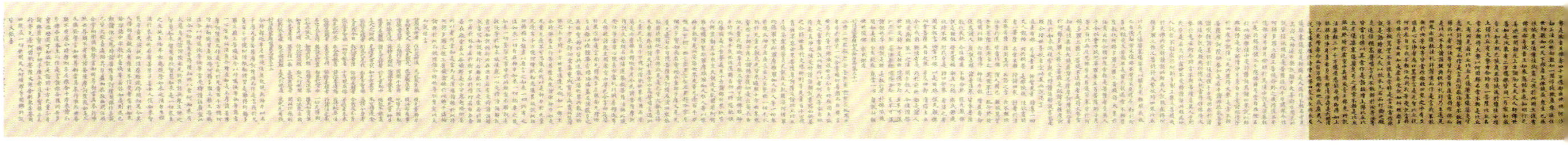

四衆亦復故往礼拜讃嘆而作是言我不敢
輕於汝等汝等皆當作佛故四衆之中有生
瞋恚心不淨者惡口罵詈言是无智比丘從
何所来自言我不輕汝而與我等受記當得
作佛我等不用如是虚妄受記如此經歷多
年常被罵詈不生瞋恚常作是言汝當作佛
說是語時衆人或以杖木瓦石而打擲之避
走遠住猶高聲唱言我不敢輕於汝等汝等
皆當作佛以其常作是語故增上慢比丘比
丘尼優婆塞優婆夷号之為常不輕是比丘
臨欲終時於虚空中具聞威音王佛先所說
法華經二十千万億偈悉能受持即得如上
眼根清淨耳鼻舌身意根清淨得是六根清
淨已更增壽命二百万億那由他歳廣為人
說是法華經於時增上慢四衆比丘比丘尼

淨已更增壽命二百万億那由他歲廣為人
說是法華經於時增上慢四衆比丘比丘尼
優婆塞優婆夷輕賤是人為作不輕名者見
其得大神通力樂說辯力大善寂力聞其所
說皆信伏隨從是菩薩復化千万億衆令住
阿耨多羅三藐三菩提命終之後得值二千
億佛皆号日月燈明於其法中說是法華經
以是因緣復值二千億佛同号雲自在燈王
於此諸佛法中受持讀誦為諸四衆說此經
典故得是常眼清淨耳鼻舌身意諸根清淨
於四衆中說法心无所畏得大勢是常不輕
菩薩摩訶薩供養如是若干諸佛恭敬尊重
讚嘆種諸善根於後復值千万億佛亦於諸
佛法中說是經典功德成就當得作佛得大

人說者不能疾得阿耨多羅三藐三菩提我
於先佛所受持讀誦此經為人說故疾得阿
耨多羅三藐三菩提得大勢彼時四衆比丘
比丘尼優婆塞優婆夷以瞋恚意輕賤我故
二百億劫常不值佛不聞法不見僧千劫於阿
鼻地獄受大苦惱畢是罪已復遇常不輕菩
薩教化阿耨多羅三藐三菩提得大勢於
汝意云何爾時四衆常輕是菩薩者豈異人
乎今此會中跋陀婆羅等五百菩薩師子月
等五百比丘尼思佛等五百優婆塞皆於阿
耨多羅三藐三菩提不退轉者是得大勢當
知是法華經大饒益諸菩薩摩訶薩能令至
於阿耨多羅三藐三菩提是故諸菩薩摩訶
薩於如來滅後常應受持讀誦解說書寫是

於阿耨多羅三藐三菩提是故諸菩薩摩訶
薩於如来滅後常應受持讀誦解說書冩是
經尒時世尊欲重宣此義而說偈言
過去有佛 号威音王 神智无量 将導一切
天人龍神 所共供養 是佛滅後 法欲盡時
有一菩薩 名常不軽 時諸四衆 計著於法
不軽菩薩 往到其所 而語之言 我不軽汝
汝等行道 皆當作佛 諸人聞已 軽毀罵詈
不軽菩薩 能忍受之 其罪畢已 臨命終時
得聞此經 六根清淨 神通力故 增益壽命
復為諸人 廣說是經 諸著法衆 皆蒙菩薩
教化成就 令住佛道 不軽命終 值无數佛
說是經故 得无量福 漸具功德 疾成佛道
彼時不軽 則我身是 時四部衆 著法之者

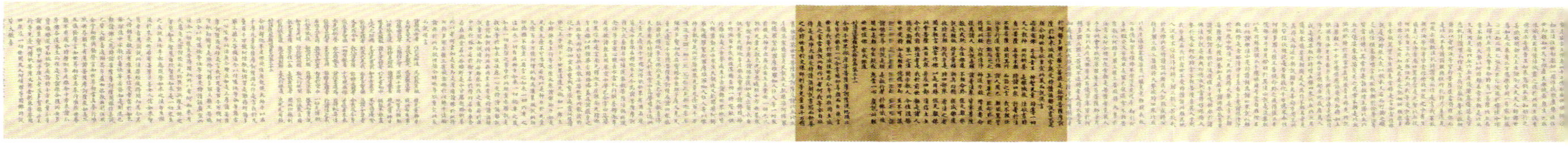

今於我前　聽法者是　我於前世　勸是諸人
聽受斯經　第一之法　開示教人　令住涅槃
世世受持　如是經典　億億万劫　至不可議
時乃得聞　是法華經　億億万劫　至不可議
諸佛世尊　時說是經　是故行者　於佛滅後
聞如是經　勿生疑惑　應當一心　廣說此經
世世值佛　疾成佛道

妙法蓮華經如來神力品第二十一

尒時千世界微塵等菩薩摩訶薩從地踊出
者皆於佛前一心合掌瞻仰尊顏而白佛言
世尊我等於佛滅後世尊分身所在國土滅
度之處當廣說此經所以者何我等亦自欲
得是真淨大法受持讀誦解說書寫而供養
之尒時世尊於文殊師利等无量百千万億

之尒時世尊於文殊師利等无量百千万億
舊住娑婆世界菩薩摩訶薩及諸比丘比丘
尼優婆塞優婆夷天龍夜叉乾闥婆阿脩羅
迦樓羅緊那羅摩睺羅伽人非人等一切衆
前現大神力出廣長舌上至梵世一切毛孔
放於无量无數色光皆悉遍照十方世界衆
寶樹下師子座上諸佛亦復如是出廣長舌
放无量光釋迦牟尼佛及寶樹下諸佛現神
力時滿百千歲然後還攝舌相一時謦欬俱
共彈指是二音聲遍至十方諸佛世界地皆
六種震動其中衆生天龍夜叉乾闥婆阿脩
羅迦樓羅緊那羅摩睺羅伽人非人等以佛
神力故皆見此娑婆世界无量无邊百千万
億衆寶樹下師子座上諸佛及見釋迦牟尼

敬圍繞釋迦牟尼佛既見是已皆大歡喜得
未曾有即時諸天於虛空中高聲唱言過此
无量无邊百千万億阿僧祇世界有國名娑
婆是中有佛名釋迦牟尼今為諸菩薩摩訶
薩說大乘經名妙法蓮華教菩薩法佛所護
念汝等當深心隨喜亦當礼拜供養釋迦牟
尼佛彼諸眾生聞虛空中聲已合掌向娑婆
世界作如是言南无釋迦牟尼佛南无釋迦
牟尼佛以種種華香瓔珞幡蓋及諸嚴身之
具珎寶妙物皆共遙散娑婆世界所散諸物
從十方来譬如雲集變成寶帳遍覆此間諸
佛之上于時十方世界通達无礙如一佛土
尒時佛告上行等菩薩大眾諸佛神力如是
无量无邊不可思議若我以是神力於无量

无量无邊不可思議若我以是神力於无量
无邊百千万億阿僧祇劫為囑累故說此經
功德猶不能盡以要言之如来一切所有之
法如来一切自在神力如来一切秘要之藏
如来一切甚深之事皆於此經宣示顯說是
故汝等於如来滅後應一心受持讀誦解說
書寫如說脩行所在国土若有受持讀誦解
說書寫如說脩行若經卷所住之處若於園
中若於林中若於樹下若於僧坊若白衣舍
若在殿堂若山谷曠野是中皆應起塔供養
所以者何當知是處即是道場諸佛於此得
阿耨多羅三藐三菩提諸佛於此轉于法輪
諸佛於此而般涅槃尒時世尊欲重宣此義
而說偈言

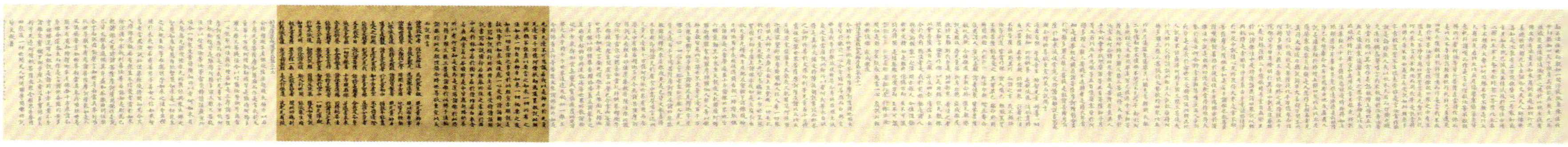

諸佛謦欬聲 及彈指之聲 周聞十方國 地皆六種動
以佛滅度後 能持是經故 諸佛皆歡喜 現无量神力
囑累是經故 讚美受持者 於无量劫中 猶故不能盡
是人之功德 无邊无有窮 如十方虛空 不可得邊際
能持是經者 則為已見我 亦見多寶佛 及諸分身者
又見我今日 教化諸菩薩 能持是經者 令我及分身
滅度多寶佛 一切皆歡喜 十方現在佛 并過去未來
亦見亦供養 亦令得歡喜 諸佛坐道場 所得祕要法
能持是經者 不久亦當得 能持是經者 於諸法之義
名字及言辭 樂說无窮盡 如風於空中 一切无障礙
於如來滅後 知佛所說經 因緣及次第 隨義如實說
如日月光明 能除諸幽冥 斯人行世間 能滅眾生闇
教无量菩薩 畢竟住一乘 是故有智者 聞此功德利
於我滅度後 應受持斯經 是人於佛道 決定无有疑

教无量菩薩　畢竟住一乘　是故有智者　聞此功德利
於我滅度後　應受持斯經　是人於佛道　決定无有疑
妙法蓮華經囑累品第二十二
尒時釋迦牟尼佛從法座起現大神力以右
手摩无量菩薩摩訶薩頂而作是言我於无
量百千万億阿僧祇劫脩習是難得阿耨多
羅三藐三菩提法今以付囑汝等汝等應當
一心流布此法廣令增益如是三摩諸菩薩
摩訶薩頂而作是言我於无量百千万億阿
僧祇劫脩習是難得阿耨多羅三藐三菩提
法今以付囑汝等汝等當受持讀誦廣宣此
法令一切衆生普得聞知所以者何如来有
大慈悲无諸慳悋亦无所畏能與衆生佛之
智慧如来智慧自然智慧如来是一切衆生
之大施主汝等亦應隨學如来之法勿生慳

慧者當為演說此法華經使得聞知為令其
人得佛慧故若有衆生不信受者當於如來
餘深法中示教利喜汝等若能如是則為已
報諸佛之恩時諸菩薩摩訶薩聞佛作是說
已皆大歡喜遍滿其身益加恭敬曲躬低頭
合掌向佛俱發聲言如世尊勑當具奉行唯
然世尊願不有慮諸菩薩摩訶薩衆如是三
反俱發聲言如世尊勑當具奉行唯然世尊
願不有慮尒時釋迦牟尼佛令十方來諸分
身佛各還本土而作是言諸佛各隨所安多
寶佛塔還可如故說是語時十方无量分身
諸佛坐寶樹下師子座上者及多寶佛并上
行等无邊阿僧祇菩薩大衆舍利弗等聲聞
四衆及一切世間天人阿脩羅等聞佛所說

四衆及一切世間天人阿脩羅等聞佛所說
皆大歡喜
妙法蓮華經藥王菩薩本事品第二十三
尒時宿王華菩薩白佛言世尊藥王菩薩云
何遊於娑婆世界世尊是藥王菩薩有若干
百千万億那由他難行苦行善哉世尊願少
解說諸天龍神夜叉乹闥婆阿脩羅迦樓羅
緊那羅摩睺羅伽人非人等又他國土諸來
菩薩及此聲聞衆聞皆歡喜尒時佛告宿王
華菩薩乃往過去无量恒河沙劫有佛号曰
月淨明德如来應供正遍知明行足善逝世
間解无上士調御丈夫天人師佛世尊其佛
有八十億大菩薩摩訶薩七十二恒河沙大
聲聞衆佛壽四万二千劫菩薩壽命亦等彼

上垂寶華幡寶瓶香爐周遍國界七寶為臺
一樹一臺其樹去臺盡一箭道此諸寶樹皆
有菩薩聲聞而坐其下諸寶臺上各有百億
諸天作天伎樂歌嘆於佛以為供養尒時彼
佛為一切衆生憙見菩薩及衆菩薩諸聲
聞衆說法華經是一切衆生憙見菩薩樂習苦
行於日月淨明德佛法中精進經行一心求
佛滿万二千歲已得現一切色身三昧得此
三昧已心大歡憙即作念言我得現一切色
身三昧皆是得聞法華經力我今當供養日
月淨明德佛及法華經即時入是三昧於虛
空中雨曼陀羅華摩訶曼陀羅華細末堅黑
栴檀滿虛空中如雲而下又雨海此岸栴檀
之香此香六銖價直娑婆世界以供養佛作

之香此香六銖價直娑婆世界以供養佛作
是供養已從三昧起而自念言我雖以神力
供養於佛不如以身供養即服諸香栴檀薰
陸兜樓婆畢力迦沉水膠香又飲瞻蔔諸華
香油滿千二百歲已香油塗身於日月淨明
德佛前以天寶衣而自纏身灌諸香油以神
通力願而自燃身光明遍照八十億恒河沙
世界其中諸佛同時讚言善哉善哉善男子
是真精進是名真法供養如來若以華香瓔
珞燒香末香塗香天繒幡蓋及海此岸栴檀
之香如是等種種諸物供養所不能及假使
國城妻子布施亦所不及善男子是名第一
之施於諸施中最尊最上以法供養諸如來
故作是語已而各嘿然其身火燃千二百歲

佛國中於淨德王家結跏趺坐忽然化生即
為其父而說偈言
大王今當知　我經行彼處　即時得一切　現諸身三昧
勤行大精進　捨所愛之身
說是偈已而白父言日月淨明德佛今故現
在我先供養佛已得解一切眾生語言陀羅
尼復聞是法華經八百千万億那由他甄迦
羅頻婆羅阿閦婆等偈大王我今當還供養
此佛白已即坐七寶之臺上昇虛空高七多
羅樹往到佛所頭面礼足合十指爪以偈讚
佛
容顏甚奇妙　光明照十方　我適曾供養　今復還親近
尒時一切眾生憙見菩薩說是偈已而白佛
言世尊世尊猶故在世尒時日月淨明德佛

尒時一切衆生憙見菩薩説是偈已而白佛
言世尊世尊猶故在世尒時日月淨明德佛
告一切衆生憙見菩薩善男子我涅槃時到
滅盡時至汝可安施床座我於今夜當般涅
槃又勑一切衆生憙見菩薩善男子我以佛
法囑累於汝及諸菩薩大弟子并阿耨多羅
三藐三菩提法亦以三千大千七寶世界諸
寶樹寶臺及給侍諸天悉付於汝我滅度後
所有舍利亦付囑汝當令流布廣設供養應
起若干千塔如是日月淨明德佛勑一切衆
生憙見菩薩已於夜後分入於涅槃尒時一
切衆生憙見菩薩見佛滅度悲感懊惱戀慕
於佛即以海此岸栴檀爲積供養佛身而以
燒之火滅已後收取舍利作八万四千寶瓶

幡蓋懸衆寶鈴尒時一切衆生憙見菩薩復
自念言我雖作是供養心猶未足我今當更
供養舍利便語諸菩薩大弟子及天龍夜叉
等一切大衆汝等當一心念我今供養日月
淨明德佛舍利作是語已即於八万四千塔
前然百福莊嚴臂七万二千歲而以供養令
无數求聲聞衆无量阿僧祇人發阿耨多羅
三藐三菩提心皆使得住現一切色身三昧
尒時諸菩薩天人阿脩羅等見其无臂憂惱
悲哀而作是言此一切衆生憙見菩薩是我
等師教化我者而今燒臂身不具足于時一
切衆生憙見菩薩於大衆中立此誓言我捨
兩臂必當得佛金色之身若實不虛令我兩
臂還復如故作是誓已自然還復由斯菩薩
福德智慧淳厚所致當尒之時三千大千世

臂還復如故作是誓已自然還復由斯菩薩
福德智慧淳厚所致當尒之時三千大千世
界六種震動天雨寶華一切人天得未曾有
佛告宿王華菩薩於汝意云何一切衆生憙
見菩薩豈異人乎今藥王菩薩是也其所捨
身布施如是无量百千万億那由他數宿王
華若有發心欲得阿耨多羅三藐三菩提者
能燃手指乃至足一指供養佛塔勝以國城
妻子及三千大千國土山林河池諸珎寶物
而供養者若復有人以七寶滿三千大千世
界供養於佛及大菩薩辟支佛阿羅漢是人
所得功德不如受持此法華經乃至一四句
偈其福最多宿王華譬如一切川流江河諸
水之中海為第一此法華經亦復如是於諸

山為第一此法華經亦復如是於諸經中最
為其上又如衆星之中月天子最為第一此
法華經亦復如是於千万億種諸經法中最
為照明又如日天子能除諸闇此經亦復如
是能破一切不善之闇又如諸小王中轉輪
聖王最為第一此經亦復如是於衆經中最
為其尊又如帝釋於三十三天中王此經亦
復如是諸經中王又如大梵天王一切衆生
之父此經亦復如是一切賢聖學无學及發
菩薩心者之父又如一切凡夫人中須陁洹
斯陁含阿那含阿羅漢辟支佛為第一此經
亦復如是一切如來所說若菩薩所說若聲
聞所說諸經法中最為第一有能受持是經
典者亦復如是於一切衆生中亦為第一一

典者亦復如是於一切衆生中亦為第一
切聲聞辟支佛中菩薩為第一此經亦復如
是於一切諸經法中㝡為第一如佛為諸法
王此經亦復如是諸經中王宿王華此經能
救一切衆生者此經能令一切衆生離諸苦
惱此經能大饒益一切衆生充滿其願如清
涼池能滿一切諸渴之者如寒者得火如裸
者得衣如商人得主如子得母如渡得船如
病得醫如暗得燈如貧得寶如民得王如賈
客得海如炬除暗此法華經亦復如是能令
衆生離一切苦一切病痛能解一切生死之
縛若人得聞此法華經若自書若使人書所
得功德以佛智慧籌量多少不得其邊若書
是經卷華香瓔珞燒香末香塗香幡蓋衣服

利油燈供養所得功德亦復无量宿王華若
有人聞是藥王菩薩本事品者亦得无量无
邊功德若有女人聞是藥王菩薩本事品能
受持者盡是女身後不復受若如来滅後後
五百歲中若有女人聞是經典如說脩行於
此命終即往安樂世界阿弥陀佛大菩薩衆
圍繞住處生蓮華中寶座之上不復為貪欲
所惱亦復不為瞋恚愚癡所惱亦復不為憍
慢嫉妬諸垢所惱得菩薩神通无生法忍得
是忍已眼根清淨以是清淨眼根見七百万
二千億那由他恒河沙等諸佛如来是時諸
佛遥共讚言善哉善哉善男子汝能於釋迦
牟尼佛法中受持讀誦思惟是經為他人說
所得福德无量无邊火不能燒水不能漂汝

所得福德无量无邊火不能燒水不能漂汝
之功德千佛共説不能令盡汝今已能破諸魔
賊壞生死軍諸餘怨敵皆悉摧滅善男子百
千諸佛以神通力共守護汝於一切世間天
人之中无如汝者唯除如来其諸聲聞辟
支佛乃至菩薩智慧禪定无有與汝等者宿
王華此菩薩成就如是功德智慧之力若有
人聞是藥王菩薩本事品能隨喜讃善者是
人現世口中常出青蓮華香身毛孔中常出
牛頭栴檀香所得功德如上所説是故宿王華
以此藥王菩薩本事品囑累於汝我滅度
後後五百歲中廣宣流布於閻浮提无令斷
絶惡魔魔民諸天龍夜叉鳩槃荼等得其便
也宿王華汝當以神通之力守護是經所以

若見有受持是經者應以青蓮華盛滿末香
供散其上散已作是念言此人不久必當取
草坐於道場破諸魔軍當次法螺擊大法鼓
度脫一切衆生老病死海是故求佛道者見
有受持是經典人應當如是生恭敬心說是
藥王菩薩本事品時八万四千菩薩得解一
切衆生語言陁羅尼多寶如来於寶塔中讚
宿王華菩薩言善哉善哉宿王華汝成就不
可思議功德乃能問釋迦牟尼佛如此之事
利益无量一切衆生

妙法蓮華經卷第六

BD00348

金剛般若波羅蜜經

（後秦）鳩摩羅什 譯

326cm × 25.7cm

世无我相无人相无衆生相无壽者相是故
須菩提菩薩應離一切相發阿耨多羅三藐
三菩提心不應住色生心不應住聲香味觸
法生心應生无所住心若心有住則為非住
是故佛說菩薩心不應住色布施須菩提菩
薩為利益一切衆生應如是布施如來說一
切諸相即是非相又說一切衆生則非衆生
須菩提如來是真語者實語者如語者不誑
語者不異語者須菩提如來所得法此法无
實无虛
須菩提若菩薩心住於法而行布施如人入
闇則无所見若菩薩心不住法而行布施如人

來以佛智慧悉知是人悉見是人皆得成
就无量无邊功德
須菩提若有善男子善女人初日分以恒河
沙等身布施中日分復以恒河沙等身布施
後日分亦以恒河沙等身布施如是无量百千万
億劫以身布施若復有人聞此經典信心不
逆其福勝彼何況書寫受持讀誦為人解說
須菩提以要言之是經有不可思議不可稱
量无邊功德如來為發大乘者說為發最
上乘者說若有人能受持讀誦廣為人說
如來悉知是人悉見是人皆得成就不可量
不可稱无有邊不可思議功德如是人等則
為荷擔如來阿耨多羅三藐三菩提何以故

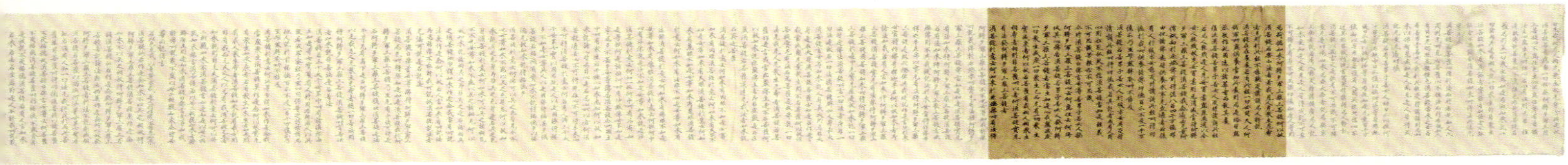

為荷擔如來阿耨多羅三藐三菩提何以故
須菩提若樂小法者著我見人見衆生見壽
者見則於此經不能聽受讀誦為人解說
須菩提在在處處若有此經一切世間天人阿
脩羅所應供養當知此處則為是塔皆應
恭敬作礼圍遶以諸華香而散其處
復次須菩提善男子善女人受持讀誦此經
若為人輕賤是人先世罪業應墮惡道以今
世人輕賤故先世罪業則為消滅當得阿耨
多羅三藐三菩提須菩提我念過去无量阿
僧祇劫於然燈佛前得值八百四千万億那
由他諸佛悉皆供養承事无空過者若復
有人於後末世能受持讀誦此經所得功

億分乃至算數譬喻所不能及
須菩提若善男子善女人於後末世有受持
讀誦此經所得功德我若具說者或有人聞
心則狂亂狐疑不信須菩提當知是經義
不可思議果報亦不可思議
尒時須菩提白佛言世尊善男子善女人發
阿耨多羅三藐三菩提心云何應住云何降
伏其心佛告須菩提善男子善女人發阿耨
多羅三藐三菩提者當生如是心我應滅度
一切衆生滅度一切衆生已而无有一切衆生
實滅度者何以故若菩薩有我相人相衆生
相壽者相則非菩薩所以者何須菩提實无
有法發阿耨多羅三藐三菩提者
須菩提於意云何如來於然燈佛所有法得

BD00348　金剛般若波羅蜜經

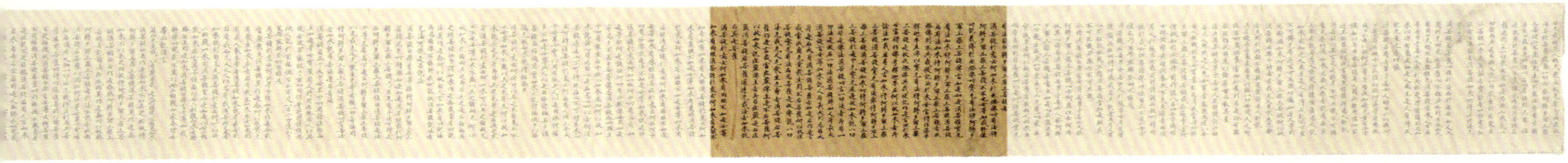

有法發阿耨多羅三藐三菩提者
須菩提於意云何如來於然燈佛所有法得
阿耨多羅三藐三菩提不不也世尊如我解佛
所說義佛於然燈佛所實无有法得阿耨多
羅三藐三菩提佛言如是如是須菩提實无
有法如來得阿耨多羅三藐三菩提須菩提
若有法如來得阿耨多羅三藐三菩提者然
燈佛則不與我授記汝於來世當得作佛号
釋迦牟尼佛以實无有法得阿耨多羅三藐
三菩提是故然燈佛與我授記作是言汝於來
世當得作佛号釋迦牟尼何以故如來者即
諸法如義若有人言如來得阿耨多羅三藐
三菩提須菩提實无有法佛得阿耨多羅三
藐三菩提須菩提如來所得阿耨多羅三藐

法皆是佛法須菩提所言一切法者即非一
切法是故名一切法須菩提譬如人身長大
須菩提言世尊如來說人身長大則為非大
身是名大身須菩提菩薩亦如是若作是言
我當滅度无量衆生則不名菩薩何以故須
菩提實无有法名為菩薩是故佛說一切
法无我无人无衆生无壽者須菩提若菩
薩作是言我當莊嚴佛土是不名菩薩何
以故如來說莊嚴佛土者即非莊嚴是名莊
嚴須菩提若菩薩通達无我法者如來說
名真是菩薩
須菩提於意云何如來有肉眼不如是世尊
如來有肉眼須菩提於意云何如來有天眼不

如來有肉眼須菩提於意云何如來有天眼不
如是世尊如來有天眼須菩提於意云何如
來有慧眼不如是世尊如來有慧眼須菩提
於意云何如來有法眼不如是世尊如來有
法眼須菩提於意云何如來有佛眼不如是
世尊如來有佛眼須菩提於意云何恒河中
所有沙佛說是沙不如是世尊如來說是沙
須菩提於意云何如一恒河中所有沙有如
是等恒河是諸恒河所有沙數佛世界如是
寧為多不甚多世尊佛告須菩提尒所國土
中所有衆生若干種心如來悉知何以故如
來說諸心皆為非心是名為心所以者何須
菩提過去心不可得現在心不可得未來心

千世界七寶以用布施是人以是因緣得福
多不如是世尊此人以是因緣得福甚多須
菩提若福德有實如來不說得福德多以福
德无故如來說得福德多
須菩提於意云何佛可以具足色身見不不
也世尊如來不應以具足色身見何以故如
來說具足色身即非具足色身是名具足色
身須菩提於意云何如來可以具足諸相見
不不也世尊如來不應以具足諸相見何以
故如來說諸相具足即非具足是名諸相具
足須菩提汝勿謂如來作是念我當有所說
法莫作是念何以故若人言如來有所說法
即為謗佛不能解我所說故須菩提說法者

法莫作是念何以故若人言如來有所說法
即爲謗佛不能解我所說故須菩提說法者
无法可說是名說法
須菩提白佛言世尊佛得阿耨多羅三藐三
菩提爲无所得耶如是如是須菩提我於阿
耨多羅三藐三菩提乃至无有少法可得是
名阿耨多羅三藐三菩提復次須菩提是法
平等无有高下是名阿耨多羅三藐三菩提
以无我无人无衆生无壽者脩一切善法則
得阿耨多羅三藐三菩提須菩提所言善法
者如來說非善法是名善法
須菩提若三千大千世界中所有諸須弥山
王如是等七寶聚有人持用布施若人以此
[illegible]

[illegible]
至筭數譬喻所不能及
須菩提於意云何汝等勿謂如來作是念我
當度衆生須菩提莫作是念何以故實无
有衆生如來度者若有衆生如來度者如來則
有我人衆生壽者須菩提如來說有我者則
非有我而凡夫之人以為有我須菩提凡夫者
如來說則非凡夫須菩提於意云何可以卅
二相觀如來不須菩提言如是如是以卅二相
觀如來佛言須菩提若以卅二相觀如來者轉
輪聖王則是如來須菩提白佛言世尊如我
解佛所說義不應以卅二相觀如來尒時世
尊而說偈言
若以色見我　以音聲求我　是人行邪道　不能見如來

若以色見我　以音聲求我　是人行邪道　不能見如來
須菩提汝若作是念如來不以具足相故得
阿耨多羅三藐三菩提須菩提莫作是念
如來不以具足相故得阿耨多羅三藐三菩
提須菩提汝若作是念發阿耨多羅三藐三
菩提者說諸法斷滅相莫作是念何以故發
阿耨多羅三藐三菩提者於法不說斷滅相
須菩提若菩薩以滿恒河沙等世界七寶布
施若復有人知一切法无我得成於忍此菩
薩勝前菩薩所得功德須菩提以諸菩薩
不受福德故須菩提白佛言世尊云何菩薩
不受福德須菩提菩薩所作福德不應貪著
是故說不受福德須菩提若有人言如來

何以故如来者无所從来亦无所去故名如来

須菩提若善男子善女人以三千大千世界
碎為微塵於意云何是微塵衆寧為多不
甚多世尊何以故若微塵衆實有者佛則
不說是微塵衆所以者何佛說微塵衆則
非微塵衆是名微塵衆世尊如来所說三千
大千世界則非世界是名世界何以故若世界
實有者則是一合相如来說一合相則非一
合相是名一合相須菩提一合相者則是不
可說但凡夫之人貪著其事
須菩提若人言佛說我見人見衆生見壽
者見須菩提於意云何是人解我所說義
不世尊是人不解如来所說義何以故世
尊說我見人見衆生見壽者見即非我見

BD00348　金剛般若波羅蜜經

尊說我見人見衆生見壽者見即非我見
人見衆生見壽者見是名我見人見衆生
見壽者見須菩提發阿耨多羅三藐三菩
提心者於一切法應如是知如是見如是信
解不生法相須菩提所言法相者如來說
即非法相是名法相須菩提若有人以滿
无量阿僧祇世界七寶持用布施若有
善男子善女人發菩薩心者持於此經
乃至四句偈等受持讀誦為人演說其福勝
彼云何為人演說不取於相如如不動何以
故
一切有為法　如夢幻泡影　如露亦如電　應作如是觀
佛說是經已長老須菩提及諸比丘比丘尼
優婆塞優婆夷一切世間天人阿脩羅聞

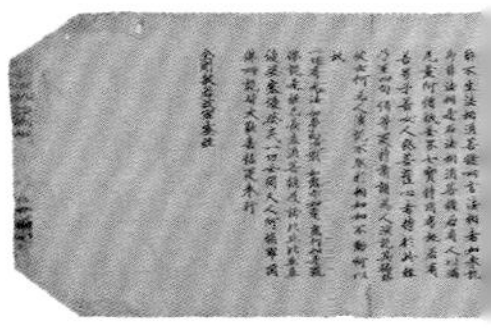

金剛般若波羅蜜經

BD00348　金剛般若波羅蜜經

BD00349

大方廣佛華嚴經卷四七

（唐）實叉難陀 譯

BD00349v

大方廣佛華嚴經卷四七

（唐）實叉難陀 譯

43.3cm × 25.9cm

恭敬尊重歎喜供養修諸功德具足圓滿復
起於塔種種嚴飾於諸天宮龍宮夜叉宮乾
闥婆阿脩羅迦樓羅緊那羅摩睺羅伽人非
人等諸宮殿中以爲供養牙齒爪髮咸以起
塔令其見者皆悉念佛念法念僧信樂不回
誠敬尊重在在處處布施供養修諸功德以
是福故或生天上或處人間種族尊榮財産
備足所有眷屬悉皆清淨不入惡趣常生善
道恒得見佛具衆白法於三有中速得出離
各隨所願獲自乘果於如來所知恩報恩永
與世間作所歸依佛子諸佛世尊雖般涅槃
仍與衆生作不思議清淨福田[illegible]

苐十廣大佛事佛子此諸佛事无量廣大
不可思議一切世間諸天及人及去來今聲聞
獨覺皆不能知唯除如來威神所加佛子諸
佛世尊有十種无二行自在法何等為十所
謂一切諸佛悉能善說授記言辭決定无二
一切諸佛悉能隨順衆生心念令其意滿決
定无二一切諸佛悉能現覺一切諸法演說
其義決定无二一切諸佛悉能具足去來
今世諸佛智慧決定无二一切諸佛悉知三世
一切刹那即一刹那決定无二一切諸佛悉

知三世一切佛刹入一佛刹決定无二一切諸

BD00349v　大方廣佛華嚴經卷四七

BD00350

妙法蓮華經卷六

（後秦）鳩摩羅什 譯

1053.8cm × 25.5cm

脫於汝意云何是大施主所得功德寧為多
不弥勒白佛言世尊是人功德甚多无量无
邊若是施主但施衆生一切樂具功德无量
何況令得阿羅漢果佛告弥勒我今分明語
汝是人以一切樂具施於四百万億阿僧祇世
界六趣衆生又令得阿羅漢果所得功德不
如是第五十人聞法華經一偈隨喜功德百
分千分百千万億分不及其一乃至筭數譬
喻所不能知阿逸多如是第五十人展轉聞
法華經隨喜功德尚无量无邊阿僧祇何
況最初於會中聞而隨喜者其福復勝无量
无邊阿僧祇不可得比又阿逸多若人為是
經故往詣僧坊若坐若立須臾聽受緣是功

及乘天宮若復有人於講法處坐更有人來
勸令坐聽若分座令坐是人功德轉身得帝
釋坐處若梵王坐處若轉輪聖王所坐之處
阿逸多若復有人語餘人言有經名法華可
共往聽即受其教乃至須臾聞是人功德
轉身得與陁羅尼菩薩共生一處利根智
慧百千万世終不瘖瘂口氣不臭舌常無病
口亦无病齒不垢黑不黃不踈亦不缺落不差
不曲脣不下垂亦不褰縮不麁澀不瘡緊亦
不缺壞亦不喎斜不厚不大亦不黎黑无諸
可惡鼻不匾㔸亦不曲戾面色不黑亦不狹
長亦不窪曲无有一切不可喜相脣舌牙齒

長亦不窐曲无有一切不可喜相脣舌牙齒
悉皆嚴好鼻脩高直面貌圓滿眉高而長額
廣平正人相具足世世所生見佛聞法信受
教誨阿逸多汝且觀是勸於一人令往聽法
功德如此何況一心聽說讀誦而於大衆爲
人分別如說脩行尒時世尊欲重宣此義而
說偈言

若人於法會　得聞是經典　乃至於一偈　隨喜爲他說
如是展轉教　至于第五十　冣後人獲福　今當分別之
如有大施主　供給无量衆　具滿八十歲　隨意之所欲
見彼衰老相　髮白而面皺　齒疎形枯竭　念其死不久
我今應當教　令得於道果　即爲方便說　涅槃真實法

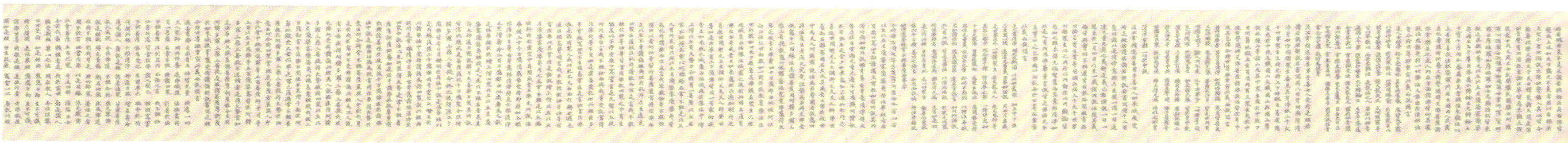

家後第五十　聞一偈隨喜　是人福勝彼　不可為譬喻
如是展轉聞　其福尚无量　何況於法會　初聞隨喜者
若有勸一人　將引聽法華　言此經深妙　千万劫難遇
即受教往聽　乃至須臾聞　斯人之福報　今當分別說
世世无口患　齒不踈黃黑　脣不厚褰缺　无有可惡相
舌不乾黑短　鼻高脩且直　額廣而平正　面目悉端嚴
為人所喜見　口氣无臭穢　優鉢華之香　常從其口出
若故詣僧坊　欲聽法華經　須臾聞歡喜　今當說其福
後生天人中　得妙象馬車　珎寶之輦輿　及乘天宮殿
若於講法處　勸人坐聽經　是福因緣得　釋梵轉輪座
何況一心聽　解說其義趣　如說而脩行　其福不可限

妙法蓮華經法師功德品第十九

妙法蓮華經法師功德品第十九

尒時佛告常精進菩薩摩訶薩若善男子善
女人受持是法華經若讀若誦若解說若書
寫是人當得八百眼功德千二百耳功德八百
鼻功德千二百舌功德八百身功德千二百
意功德以是功德莊嚴六根皆令清淨是
善男子善女人父母所生清淨肉眼見於三
千大千世界內外所有山林河海下至阿鼻地
獄上至有頂亦見其中一切衆生及業因緣
果報生處悉見悉知尒時世尊欲重宣此
義而說偈言
若於大衆中　以无所畏心　說是法華經　汝聽其功德
是人得八百　功德殊勝眼　以是莊嚴故　其目甚清淨

并諸餘山林　大海江河水　下至阿鼻獄　上至有頂處
其中諸衆生　一切皆悉見　雖未得天眼　肉眼力如是
復次常精進若善男子善女人受持此經若
讀若誦若解說若書寫得千二百耳功德以
是清淨耳聞三千大千世界下至阿鼻地獄
上至有頂其中內外種種語言音聲象聲馬
聲牛聲車聲啼哭聲愁歎聲螺聲鼓聲鍾聲
鈴聲笑聲語聲男聲女聲童子聲童女聲法
聲非法聲苦聲樂聲凡夫聲聖人聲喜聲不
喜聲天聲龍聲夜叉聲乾闥婆聲阿脩羅聲
迦樓羅聲緊那羅聲摩睺羅伽聲火聲水聲
風聲地獄聲畜生聲餓鬼聲比丘聲比丘尼

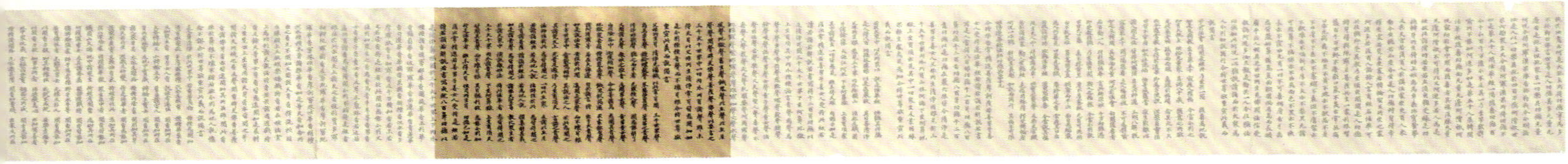

風聲地獄聲畜生聲餓鬼聲比丘聲比丘尼
聲聲聞聲辟支佛聲菩薩聲佛聲以要言之
三千大千世界中一切內外所有諸聲雖未
得天眼以父母所生清淨常耳皆悉聞知如
是分別種種音聲而不壞耳根尒時世尊欲
重宣此義而說偈言
父母所生耳　清淨無濁穢　以此常耳聞　三千世界聲
象馬車牛聲　鍾鈴螺鼓聲　琴瑟箜篌聲　簫笛之音聲
清淨好歌聲　聽之而不著　無數種人聲　聞悉能解了
又聞諸天聲　微妙之歌音　及聞男女聲　童男童女聲
山川嶮谷中　迦陵頻伽聲　命命等諸鳥　悉聞其音聲
地獄眾苦痛　種種楚毒聲　餓鬼飢渴逼　求索飲食聲

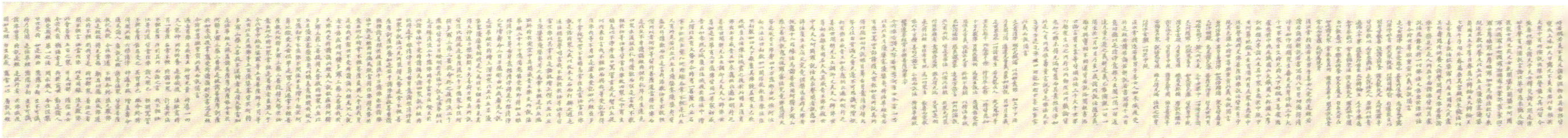

十方世界中　禽獸鳴相呼　其說法之人　於此悉聞之
其諸梵天上　光音及遍淨　乃至有頂天　言語之音聲
法師住於此　悉皆得聞之　一切比丘眾　及諸比丘尼
若讀誦經典　若為他人說　法師住於此　悉皆得聞之
復有諸菩薩　讀誦於經法　若為他人說　撰集解其義
如是諸音聲　悉皆得聞之　諸佛大聖尊　教化眾生者
於諸大眾中　演說微妙法　持此法華者　悉皆得聞之
三千大千界　內外諸音聲　下至阿鼻獄　上至有頂天
皆聞其音聲　而不壞耳根　其耳聰利故　悉能分別知
持是法華者　雖未得天耳　但用所生耳　功德已如是
復次常精進　若善男子善女人受持是經　若
讀若誦若解說若書寫成就八百鼻功德　以

讀若誦若解説若書寫成就八百鼻功德以
是清淨鼻根聞於三千大千世界上下內外
種種諸香須曼那華香闍提華香末利華
香瞻蔔華香波羅羅華香赤蓮華香青蓮華
香白蓮華香華樹香菓樹香栴檀香沉水香多
摩羅跋香多伽羅香及千万種和香若末若
丸若塗香持是經者於此間住悉能分別又
復別知衆生之香象香馬香牛羊等香男香
女香童子香童女香及草木叢林香若近若
遠所有諸香悉皆得聞分別不錯持是經者
雖住於此亦聞天上諸天之香波利質多羅
拘鞞陀羅樹香及曼陀羅華香摩訶曼陀

沉水種種末香諸雜華香如是等天香和合所
出之香無不聞知又聞諸天身香釋提桓因
在勝殿上五欲娛樂嬉戲時香若在妙法堂
上為忉利諸天說法時香若於諸園遊戲時
香及餘天等男女身香皆悉遙聞如是展轉
乃至梵世上至有頂諸天身香亦皆聞之并
聞諸天所燒之香及聲聞香辟支佛香菩薩
香諸佛身香亦皆遙聞知其所在雖聞此香
然於鼻根不壞不錯若欲分別為他人說憶
念不謬尒時世尊欲重宣此義而說偈言

是人鼻清淨　於此世界中　若香若臭物　種種悉聞知
須曼那闍提　多摩羅栴檀　沉水及桂香　種種華菓香
及知眾生香　男子女人香　說法者遠住　聞香知所在
大勢轉輪王　小轉輪及子　群臣諸宮人　聞香知所在

須曼那闍提　多摩羅栴檀　沈水及桂香　種種華菓香
及知衆生香　男子女人香　說法者遠住　聞香知所在
大勢轉輪王　小轉輪及子　羣臣諸宮人　聞香知所在
身所著珎寶　及地中寶藏　轉輪王寶女　聞香知所在
諸人嚴身具　衣服及瓔珞　種種所塗香　聞則知其身
諸天若行坐　遊戲及神變　持是法華者　聞香悉能知
諸樹華菓實　及蘇油香氣　持經者住此　悉知其所在
諸山深嶮處　栴檀樹華敷　衆生在中者　聞香皆能知
鐵圍山大海　地中諸衆生　持經者聞香　悉知其所在
阿脩羅男女　及其諸眷屬　鬪諍遊戲時　聞香皆能知
曠野險隘處　師子象虎狼　野牛水牛等　聞香知所在
若有懷妊者　未辯其男女　无根及非人　聞香悉能知
以聞香力故　知其初懷妊　成就不成就　安樂產福子
以聞香力故　知男女所念　染欲癡恚心　亦知修善者

地中衆伏藏　金銀諸珍寶　銅器之所盛　聞香悉能知
種種諸瓔珞　无能識其價　聞香知貴賤　出處及所在
天上諸華等　曼陁曼殊沙　波利質多樹　聞香悉能知
天上諸宮殿　上中下差別　衆寶華莊嚴　聞香悉能知
天園林勝殿　諸觀妙法堂　在中而娛樂　聞香悉能知
諸天若聽法　或受五欲時　来往行坐卧　聞香悉能知
天女所著衣　好華香莊嚴　周旋遊戲時　聞香悉能知
如是展轉上　乃至於梵世　入禪出禪者　聞香悉能知
光音遍淨天　乃至于有頂　初生及退沒　聞香悉能知
諸比丘衆等　於法常精進　若坐若經行　及讀誦經法
或在林樹下　專精而坐禪　持經者聞香　悉知其所在
菩薩志堅固　坐禪若讀誦　或為人說法　聞香悉能知
在在方世尊　一切所恭敬　愍衆而說法　聞香悉能知

菩薩志堅固　坐禪若讀誦　或為人說法　聞香悉能知
在在方世尊　一切所恭敬　愍衆而說法　聞香悉能知
衆生在佛前　聞經皆歡喜　如法而脩行　聞香悉能知
雖未得菩薩　无漏法生鼻　而是持經者　先得此鼻相
復次常精進若善男子善女人受持是經若
讀若誦若解說若書寫得千二百舌功德若
好若醜若美不美及諸苦澁物在其舌根皆
變成上味如天甘露无不美者若以舌根於
大衆中有所演說出深妙聲能入其心皆令
歡喜快樂又諸天子天女釋梵諸天聞是深
妙音聲有所演說言論次第皆悉來聽及諸
龍龍女夜叉夜叉女乾闥婆乾闥婆女阿脩
羅阿脩羅女迦樓羅迦樓羅女緊那羅緊那
羅女摩睺羅伽摩睺羅伽女

親近恭敬供養及比丘比丘尼優婆塞優婆
夷國王王子羣臣眷屬小轉輪王大轉輪王
七寶千子內外眷屬乘其宮殿俱來聽法以
是菩薩善說法故婆羅門居士國內人民盡
其形壽隨侍供養又諸聲聞辟支佛菩薩諸
佛常樂見之是人所在方面諸佛皆向其處
說法悉能受持一切佛法又能出於深妙法
音爾時世尊欲重宣此義而說偈言
是人舌根淨　終不受惡味　其有所食噉　悉皆成甘露
以深淨妙音　於大眾說法　以諸因緣喻　引導眾生心
聞者皆歡喜　設諸上供養　諸天龍夜叉　及阿脩羅等
皆以恭敬心　而共來聽法　是說法之人　若欲以妙音
遍滿三千界　隨意即能至　大小轉輪王　及千子眷屬
合掌恭敬心　常來聽受法　諸天龍夜叉　羅剎毘舍闍

遍滿三千界 隨意即能至 大小轉輪王 及千子眷屬
合掌恭敬心 常來聽受法 諸天龍夜叉 羅刹毗舍闍
亦以歡喜心 常樂來供養 梵天王魔王 自在大自在
如是諸天衆 常來至其所 諸佛及弟子 聞其說法音
常念而守護 或時為現身
復次常精進若善男子善女人受持是經若
讀若誦若解說若書寫得八百身功德得清
淨身如淨瑠璃衆生憙見其身淨故三千大
千世界衆生生時死時上下好醜生善處惡
處悉於中現及鐵圍山大鐵圍山彌樓山摩
訶彌樓山等諸山及其中衆生悉於中現下
至阿鼻地獄上至有頂所有及衆生悉於中

若持法華者　其身甚清淨　如彼淨瑠璃　衆生皆喜見
又如淨明鏡　悉見諸色像　菩薩於淨身　皆見世所有
唯獨自明了　餘人所不見　三千世界中　一切諸羣萌
天人阿脩羅　地獄鬼畜生　如是諸色像　皆於身中現
諸天等宮殿　乃至於有頂　鐵圍及彌樓　摩訶彌樓山
諸大海水等　皆於身中現　諸佛及聲聞　佛子菩薩等
若獨若在衆　說法悉皆現　雖未得无漏　法性之妙身
以清淨常體　一切於中現
復次常精進若善男子善女人如來滅後受
持是經若讀若誦若解說若書寫得千二百
意功德以是清淨意根乃至聞一偈一句通
達无量无邊之義解是義已能演說一句一

達无量无邊之義解是義已能演說一句一
偈至於一月四月乃至一歲諸所說法隨其義
趣皆與實相不相違背若說俗間經書治
世語言資生業等皆順正法三千大千世界
六趣衆生心之所行心所動作心所戲論皆
悉知之雖未得无漏智慧而其意根清淨如
此是人有所思惟籌量言說皆是佛法无不
真實亦是先佛經中所說尒時世尊欲重宣
此義而說偈言
是人意清淨　明利无穢濁　以此妙意根　知上中下法
乃至聞一偈　通達无量義　次第如法說　月四月至歲
是世界內外　一切諸衆生　若天龍及人　夜叉鬼神等
其在六趣中　所念若干種　持法花之報　一時皆悉知

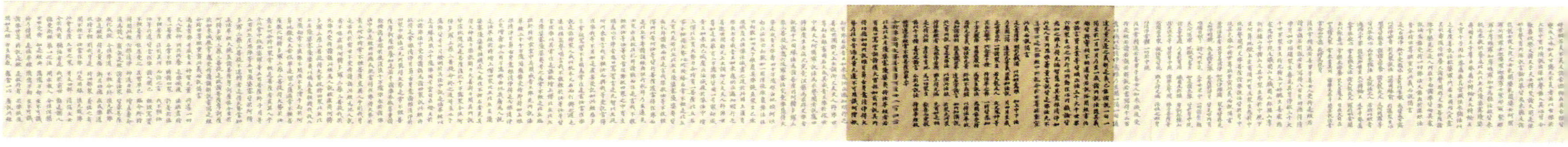

思惟无量義　說法亦无量　終始不忘錯　以持法華故
悉知諸法相　隨義識次第　達名字語言　如所知演說
此人有所說　皆是先佛法　以演此法故　於衆无所畏
持法華經者　意根淨若斯　雖未得无漏　先有如是相
是人持此經　安住希有地　為一切衆生　歡喜而愛敬
能以千万種　善巧之語言　分別而說法　持法華經故

妙法蓮華經常不輕菩薩品第二十

尒時佛告得大勢菩薩摩訶薩汝今當知若
比丘比丘尼優婆塞優婆夷持法華經者若
有惡口罵詈誹謗獲大罪報如前所說其所
得功德如向所說眼耳鼻舌身意清淨得大
勢乃往古昔過无量无邊不可思議阿僧祇

勢乃往古昔過无量无邊不可思議阿僧祇
劫有佛名威音王如來應供正遍知明行足
善逝世間解无上士調御丈夫天人師佛世
尊劫名離衰國名大成其威音王佛於彼世
中為天人阿脩羅說法為求聲聞者說應四
諦法度生老病死究竟涅槃為求辟支佛者
說應十二因緣法為諸菩薩因阿耨多羅三
藐三菩提說應六波羅蜜法究竟佛慧得大
勢是威音王佛壽四十万億那由他恒河沙
劫正法住世劫數如一閻浮提微塵像法住
世劫數如四天下微塵其佛饒益衆生已然
後滅度正法像法滅盡之後於此國土復有

善逝世間解無上士調御丈夫天人師佛世
尊如是次第有二万億佛皆同一号冣初威
音王如來既已滅度正法滅後於像法中增
上慢比丘有大勢力尒時有一菩薩比丘名
常不輕得大勢以何因緣名常不輕是比丘
凡有所見若比丘比丘尼優婆塞優婆夷皆
悉礼拜讚歎而作是言我深敬汝等不敢輕
慢所以者何汝等皆行菩薩道當得作佛而
是比丘不專讀誦經典但行礼拜乃至遠見
四衆亦復故往礼拜讚歎而作是言我不敢
輕於汝等汝等皆當作佛故四衆之中有生
瞋恚心不淨者惡口罵詈言是无智比丘從
何所來自言我不輕汝而與我等受記當得
作佛我等不用如是虛妄授記如此經歷多

何所来自言我不輕汝而與我等受記當得
作佛我等不用如是虛妄受記如此經歷多
年常被罵詈不生瞋恚常作是言汝當作佛
説是語時衆人或以杖木瓦石而打擲之避走
遠住猶高聲唱言我不敢輕於汝等汝等皆
當作佛以其常作是語故增上慢比丘比丘
尼優婆塞優婆夷号之為常不輕是比丘臨
欲終時於虛空中具聞威音王佛先所説法
華經二十千万億偈悉能受持即得如上眼
根清淨耳鼻舌身意根清淨得是六根清淨
已更增壽命二百万億那由他歳廣為人説
是法華經於時增上慢四衆比丘比丘尼優

得大神通力樂說辯力大善寂力聞其所說
皆信伏隨從是菩薩復化千万億衆令住阿
耨多羅三藐三菩提命終之後得值二千
億佛皆号日月燈明於其法中說是法華經以
是因緣復值二千億佛同号雲自在燈王於
此諸佛法中受持讀誦為諸四衆說此經典
故得是常眼清淨耳鼻舌身意諸根清淨於
四衆中說法心无所畏得大勢是常不輕菩
薩摩訶薩供養如是若干諸佛恭敬尊重讚
歎種諸善根於後復值千万億佛亦於諸佛
法中說是經典功德成就當得作佛得大勢於
意云何尒時常不輕菩薩豈異人乎則我身
是若我於宿世不受持讀誦此經為他人說

是若我於宿世不受持讀誦此經為他人說
者不能疾得阿耨多羅三藐三菩提我於
先佛所受持讀誦此經為人說故疾得阿耨
多羅三藐三菩提得大勢彼時四衆比丘比
丘尼優婆塞優婆夷以瞋恚意輕賤我故二
百億劫常不值佛不聞法不見僧千劫於阿
鼻地獄受大苦惱畢是罪已復遇常不輕菩
薩教化阿耨多羅三藐三菩提得大勢於汝
意云何尒時四衆常輕是菩薩者豈異人乎
今此會中跋陀婆羅等五百菩薩師子月等
五百比丘尼思佛等五百優婆塞皆於阿耨
多羅三藐三菩提不退轉者是得大勢當知

於如來滅後常應受持讀誦解說書寫是經

尒時世尊欲重宣此義而說偈言

過去有佛　号威音王　神智无量　將導一切
天人龍神　所共供養　是佛滅後　法欲盡時
有一菩薩　名常不輕　時諸四衆　計著於法
不輕菩薩　往到其所　而語之言　我不輕汝
汝等行道　皆當作佛　諸人聞已　輕毀罵詈
不輕菩薩　能忍受之　其罪畢已　臨命終時
得聞此經　六根清淨　神通力故　增益壽命
復為諸人　廣說是經　諸著法衆　皆蒙菩薩
教化成就　令住佛道　不輕命終　值无數佛
說是經故　得无量福　漸具功德　疾成佛道
彼時不輕　則我身是　時四部衆　著法之者

不輕命終 值无數佛
說是經故 得无量福 漸具功德 疾成佛道
彼時不輕 則我身是 時四部眾 著法之者
聞不輕言 汝當作佛 以是因緣 值无數佛
此會菩薩 五百之眾 并及四部 清信士女
今於我前 聽法者是 我於前世 勸是諸人
聽受斯經 第一之法 開示教人 令住涅槃
世世受持 如是經典 億億万劫 至不可議
時乃得聞 是法華經 億億万劫 至不可議
諸佛世尊 時說是經 是故行者 於佛滅後
聞如是經 勿生疑惑 應當一心 廣說此經
世世值佛 疾成佛道

妙法蓮華經如來神力品第二十一

爾時千世界微塵等菩薩摩訶薩從地踊出

世尊我等於佛滅後世尊分身所在國土滅
度之處當廣說此經所以者何我等亦自欲
得是真淨大法受持讀誦解說書寫而供
養之尒時世尊於文殊師利等无量百千万億
舊住娑婆世界菩薩摩訶薩及諸比丘比丘
尼優婆塞優婆夷天龍夜叉乾闥婆阿脩羅
迦樓羅緊那羅摩睺羅伽人非人等一切衆
前現大神力出廣長舌上至梵世一切毛孔
放於无量无數色光皆悉遍照十方世界衆
寶樹下師子座上諸佛亦復如是出廣長舌
放无量光釋迦牟尼佛及寶樹下諸佛現神
力時滿百千歲然後還攝舌相一時謦欬俱共

力時滿百千歲然後還攝舌相一時謦欬俱共
彈指是二音聲遍至十方諸佛世界地皆六
種震動其中衆生天龍夜叉乾闥婆阿脩
羅迦樓羅緊那羅摩睺羅伽人非人等以佛
神力故皆見此娑婆世界无量无邊百千萬
億衆寶樹下師子座上諸佛及見釋迦牟尼
佛共多寶如來在寶塔中坐師子座又見无
量无邊百千万億菩薩摩訶薩及諸四衆恭
敬圍繞釋迦牟尼佛既見是已皆大歡喜得
未曾有即時諸天於虛空中高聲唱言過此
无量无邊百千万億阿僧祇世界有國名娑
婆是中有佛名釋迦牟尼今為諸菩薩摩訶
薩説大乘經名妙法蓮華教菩薩法佛所護

尼佛彼諸衆生聞虚空中聲已合掌向娑婆
世界作如是言南无釋迦牟尼佛南无釋迦
牟尼佛以種種華香瓔珞幡蓋及諸嚴身之
具珍寶妙物皆共遥散娑婆世界所散諸物
從十方來譬如雲集變成寶帳遍覆此間諸
佛之上于時十方世界通達无礙如一佛土尒
時佛告上行等菩薩大衆諸佛神力如是
无量无邊不可思議若我以是神力於无量
无邊百千万億阿僧祇劫為囑累故說此經
功德猶不能盡以要言之如來一切所有之法
如來一切自在神力如來一切秘要之藏如
來一切甚深之事皆於此經宣示顯說是
故汝等於如來滅後應當一心受持讀誦解說

如來一切自在神力如來一切秘要之藏如
來一切甚深之事皆於此經宣示顯說是
故汝等於如來滅後應一心受持讀誦解說
書寫如說脩行所在國土若有受持讀誦解
說書寫如說脩行若經卷所住之處若於園
中若於林中若於樹下若於僧坊若白衣舍
若在殿堂若山谷曠野是中皆應起塔供養
所以者何當知是處即是道場諸佛於此得
阿耨多羅三藐三菩提諸佛於此轉于法輪
諸佛於此而般涅槃尒時世尊欲重宣此義
而說偈言

諸佛救世者　住於大神通　為悅衆生故　現无量神力
舌相至梵天　身放无數光　為求佛道者　現此希有事
諸佛謦欬聲　及彈指之聲　周聞十方國　地皆六種動

囑累是經故　讚美受持者　於无量劫中　猶故不能盡
是人之功德　无邊无有窮　如十方虛空　不可得邊際
能持是經者　則為已見我　亦見多寶佛　及諸分身者
又見我今日　教化諸菩薩　能持是經者　令我及分身
滅度多寶佛　一切皆歡喜　十方現在佛　并過去未來
亦見亦供養　亦令得歡喜　諸佛坐道場　所得祕要法
能持是經者　不久亦當得　能持是經者　於諸法之義
名字及言辭　樂說无窮盡　如風於空中　一切无障礙
於如來滅後　知佛所說經　因緣及次第　隨義如實說
如日月光明　能除諸幽冥　斯人行世間　能滅眾生闇
教无量菩薩　畢竟住一乘　是故有智者　聞此功德利
於我滅度後　應受持斯經　是人於佛道　决定无有疑

敎无量菩薩　畢竟住一乘　是故有智者　聞此功德利
於我滅度後　應受持斯經　是人於佛道　决定无有疑

妙法蓮華經囑累品第二十二

尒時釋迦牟尼佛從法座起現大神力以右
手摩无量菩薩摩訶薩頂而作是言我於无
量百千万億阿僧祇劫脩習是難得阿耨多
羅三藐三菩提法今以付囑汝等汝等應當
一心流布此法廣令增益如是三摩諸菩薩
摩訶薩頂而作是言我於无量百千万億阿
僧祇劫脩習是難得阿耨多羅三藐三菩提
法今以付囑汝等汝等當受持讀誦廣宣此
法令一切衆生普得聞知所以者何如來有
大慈悲无諸慳悋亦无所畏能與衆生佛之

恡於未来世若有善男子善女人信如来智
慧者當為演說此法華經使得聞知為令
其人得佛慧故若有衆生不信受者當於如
来餘深法中示教利喜汝等若能如是則為
已報諸佛之恩時諸菩薩摩訶薩聞佛作是
說已皆大歡喜遍滿其身益加恭敬曲躬低頭
合掌向佛俱發聲言如世尊勑當具奉行唯
然世尊願不有慮諸菩薩摩訶薩衆如是
三反俱發聲言如世尊勑當具奉行唯然世
尊願不有慮尒時釋迦牟尼佛令十方来諸
分身佛各還本土而作是言諸佛各隨所安
多寶佛塔還可如故說是語時十方无量分身

多寶佛塔還可如故說是語時十方无量分身
諸佛坐寶樹下師子座上者及多寶佛并上
行等无邊阿僧祇菩薩大衆舍利弗等聲聞
四衆及一切世間天人阿脩羅等聞佛所說
皆大歡喜

妙法蓮華經藥王菩薩本事品第二十三

尒時宿王華菩薩白佛言世尊藥王菩薩云
何遊於娑婆世界世尊是藥王菩薩有若干
百千万億那由他難行苦行善哉世尊願少
解說諸天龍神夜叉乾闥婆阿脩羅迦樓羅
緊那羅摩睺羅伽人非人等又他國土諸来
菩薩及此聲聞衆聞皆歡喜尒時佛告宿王

聞解无上士調御丈夫天人師佛世尊其佛
有八十億大菩薩摩訶薩七十二恒河沙大
聲聞衆佛壽四万二千劫菩薩壽命亦等彼
國无有女人地獄餓鬼畜生阿脩羅等及以
諸難地平如掌瑠璃所成寶樹莊嚴寶帳覆
上垂寶華幡寶瓶香爐周遍國界七寶為臺
一樹一臺其樹去臺盡一箭道此諸寶樹
皆有菩薩聲聞而坐其下諸寶臺上各有百
億諸天作天伎樂歌歎於佛以為供養尒時
彼佛為一切衆生憙見菩薩及衆菩薩諸聲
聞衆說法華經是一切衆生憙見菩薩樂習
苦行於日月淨明德佛法中精進經行一心求

聞說法華經是一切眾生喜見菩薩樂習
苦行於日月淨明德佛法中精進經行一心求
佛滿万二千歲已得現一切色身三昧得此
三昧已心大歡喜即作念言我得現一切色
身三昧皆是得聞法華經力我今當供養日
月淨明德佛及法華經即時入是三昧於虛
空中雨曼陀羅華摩訶曼陀羅華細末堅
黑栴檀滿虛空中如雲而下又雨海此岸栴檀
之香此香六銖價直娑婆世界以供養佛作
是供養已從三昧起而自念言我雖以神力
供養於佛不如以身供養即服諸香栴檀薰
陸兜樓婆畢力迦沉水膠香又飲瞻蔔諸華
香油滿千二百歲已香油塗身於日月淨明
德佛前以天寶衣而自纏身灌諸香油以神

世界其中諸佛同時讚言善哉善哉善男子
是真精進是名真法供養如來若以華香瓔
珞燒香末香塗香天繒幡蓋及海此岸栴檀
之香如是等種種諸物供養所不能及假使
國城妻子布施亦所不及善男子是名第一
之施於諸施中最尊最上以法供養諸如來
故作是語已而各嘿然其身火燃千二百歲
過是已後其身乃盡一切衆生憙見菩薩作
如是法供養已命終之後復生日月淨明德
佛國中於淨德王家結加趺坐忽然化生即
為其父而說偈言
大王今當知　我經行彼處　即時得一切　現諸身三昧

大王今當知　我經行彼處　即時得一切　現諸身三昧
勤行大精進　捨所愛之身
說是偈已而白父言日月淨明德佛今故現在
我先供養佛已得解一切衆生語言陁羅尼
復聞是法華經八百千万億那由他甄迦羅
頻婆羅阿閦婆等偈大王我今當還供養
此佛白已即坐七寶之臺上昇虛空高七多
羅樹往到佛所頭面礼足合十指爪以偈讚
佛
容顏甚奇妙　光明照十方　我適曾供養　今復還親近
尒時一切衆生憙見菩薩說是偈已而白佛
言世尊世尊猶故在世尒時日月淨明德佛

滅盡時到汝可安施牀座我於今夜當般涅
槃又勑一切衆生憙見菩薩善男子我以佛
法囑累於汝及諸菩薩大弟子幷阿耨多羅
三藐三菩提法亦以三千大千七寶世界諸
寶樹寶臺及給侍諸天悉付於汝我滅度後
所有舍利亦付囑汝當令流布廣設供養應
起若干千塔如是日月淨明德佛勑一切衆
生憙見菩薩已於夜後分入於涅槃尒時一
切衆生憙見菩薩見佛滅度悲感懊惱戀慕
於佛即以海此岸栴檀爲積供養佛身而以
燒之火滅已後收取舍利作八万四千寶瓶以
起八万四千塔高三世界表刹莊嚴垂諸幡
蓋懸衆寶鈴尒時一切衆生憙見菩薩復

起八万四千塔高三世界表刹莊嚴垂諸幡
蓋懸衆寶鈴尒時一切衆生喜見菩薩復
自念言我雖作是供養心猶未足我今當更
供養舍利便語諸菩薩大弟子及天龍夜叉
等一切大衆汝等當一心念我今供養日月
淨明德佛舍利作是語已即於八万四千塔
前然百福莊嚴臂七万二千歲而以供養令
无數求聲聞衆无量阿僧祇人發阿耨多羅
三藐三菩提心皆使得住現一切色身三昧
尒時諸菩薩天人阿脩羅等見其无臂憂惱
悲哀而作是言此一切衆生憙見菩薩是我
等師教化我者而今燒臂身不具足于時一
切衆生喜見菩薩於大衆中立此誓言我捨
兩臂必當得佛金色之身若實不虛令我兩

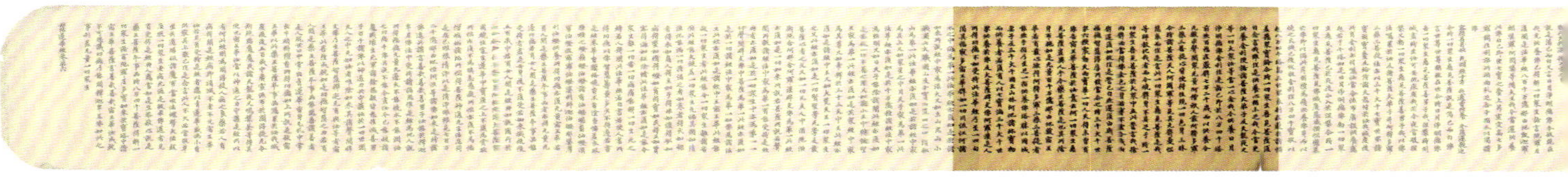

福德智慧淳厚所致當尒之時三千大千世
界六種震動天雨寶華一切人天得未曾有
佛告宿王華菩薩於汝意云何一切衆生憙
見菩薩豈異人乎今藥王菩薩是也其所捨
身布施如是无量百千万億那由他數宿王
華若有發心欲得阿耨多羅三藐三菩提者
能然手指乃至足一指供養佛塔勝以國城
妻子及三千大千國土山林河池諸珎寶物
而供養者若復有人以七寶滿三千大千世
界供養於佛及大菩薩辟支佛阿羅漢是人
所得功德不如受持此法華經乃至一四句
偈其福最多宿王華譬如一切川流江河諸

得其福最多宿王華譬如一切川流江河諸
水之中海為第一此法華經亦復如是於諸
如來所説經中最為深大又如土山黒山小
鐵圍山大鐵圍山及十寶山衆山之中須弥
山為第一此法華經亦復如是於諸經中最
為其上又如衆星之中月天子最為第一此
法華經亦復如是於千万億種諸經法中最
為照明又如日天子能除諸闇此經亦復如
是能破一切不善之闇又如諸小王中轉輪聖
王最為第一此經亦復如是於衆經中最
為其尊又如帝釋於三十三天中王此經亦
復如是諸經中王又如大梵天王一切衆生
此經亦復如是一切賢聖學无學及發

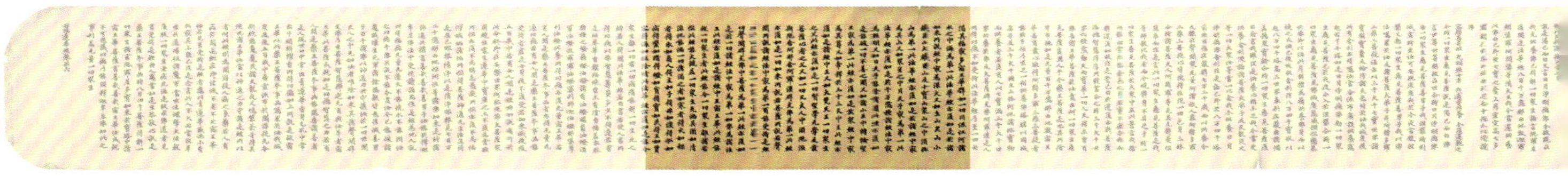

斯陁含阿那含阿羅漢辟支佛為第一此經
亦復如是一切如來所說若菩薩所說若聲
聞所說諸經法中最為第一有能受持是經
典者亦復如是於一切衆生中亦為第一一
切聲聞辟支佛中菩薩為第一此經亦復如
是於一切諸經法中最為第一如佛為諸法
王此經亦復如是諸經中王宿王華此經能
救一切衆生者此經能令一切衆生離諸苦
惱此經能大饒益一切衆生充滿其願如清
涼池能滿一切諸渴之者如寒者得火如裸
者得衣如商人得主如子得母如渡得船如
病得醫如暗得燈如貧得寶如民得王如賈
客得海如炬除暗此法華經亦復如是能令

BD00350　妙法蓮華經卷六

病得醫如暗得燈如貧得寶如民得王如賈
客得海如炬除暗此法華經亦復如是能令
衆生離一切苦一切病痛能解一切生死之
縛若人得聞此法華經若自書若使人書所
得功德以佛智慧籌量多少不得邊若書
是經卷華香瓔珞燒香末香塗香幡蓋衣服
種種之燈蘇燈油燈諸香油燈瞻蔔油燈須
曼油燈波羅羅油燈婆利師迦油燈那婆摩
利油燈供養所得功德亦復无量宿王華若
有人聞是藥王菩薩本事品者亦得无量无
邊功德若有女人聞是藥王菩薩本事品能
受持者盡是女身後不復受若如來滅後後

此命終即往安樂世界阿彌陀佛大菩薩眾
圍繞住處生蓮華中寶座之上不復為貪欲
所惱亦復不為瞋恚愚癡所惱亦復不為憍
慢嫉妒諸垢所惱得菩薩神通无生法忍得
是忍已眼根清淨以是清淨眼根見七百万
二千億那由他恒河沙等諸佛如來是時諸
佛遙共讚言善哉善哉善男子汝能於釋迦
牟尼佛法中受持讀誦思惟是經為他人說
所得福德无量无邊火不能燒水不能漂汝
之功德千佛共說不能令盡汝今已能破諸
魔賊壞生死軍諸餘怨敵皆悉摧滅善男
子百千諸佛以神通力共守護汝於一切世間
天人之中无如汝者唯除如來其諸聲聞辟

天人之中无如汝者唯除如来其諸聲聞辟
支佛乃至菩薩智慧禪定无有與汝等者宿
王華此菩薩成就如是功德智慧之力若有
人聞是藥王菩薩本事品能隨喜讚善者
是人現世口中常出青蓮華香身毛孔中常
出牛頭栴檀香所得功德如上所說是故宿
王華以此藥王菩薩本事品囑累於汝我滅
度後後五百歲中廣宣流布於閻浮提无令
斷絕惡魔魔民諸天龍夜叉鳩槃荼等得其
便也宿王華汝當以神通之力守護是經所以
者何此經則為閻浮提人病之良藥若人有
病得聞是經病即消滅不老不死宿王華

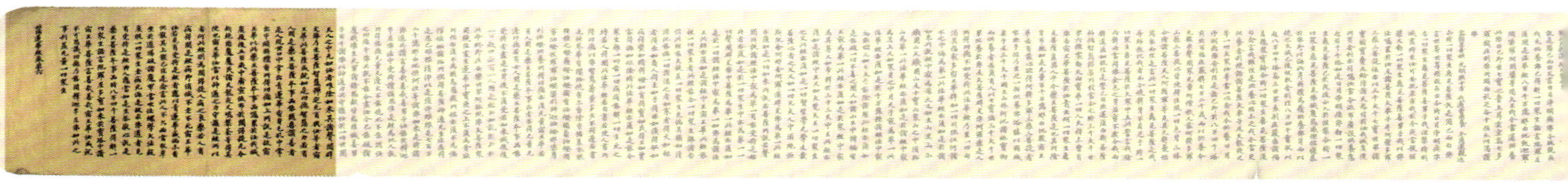

坐於道場破諸魔軍當吹法螺擊大法鼓
度脫一切衆生老病死海是故求佛道者見
有受持是經典人應當如是生恭敬心說是
藥王菩薩本事品時八万四千菩薩得解一
切衆生語言陁羅尼多寶如來於寶塔中讚
宿王華菩薩言善哉善哉宿王華汝成就
不可思議功德乃能問釋迦牟尼佛如此之
事利益无量一切衆生

妙法蓮華經卷第六

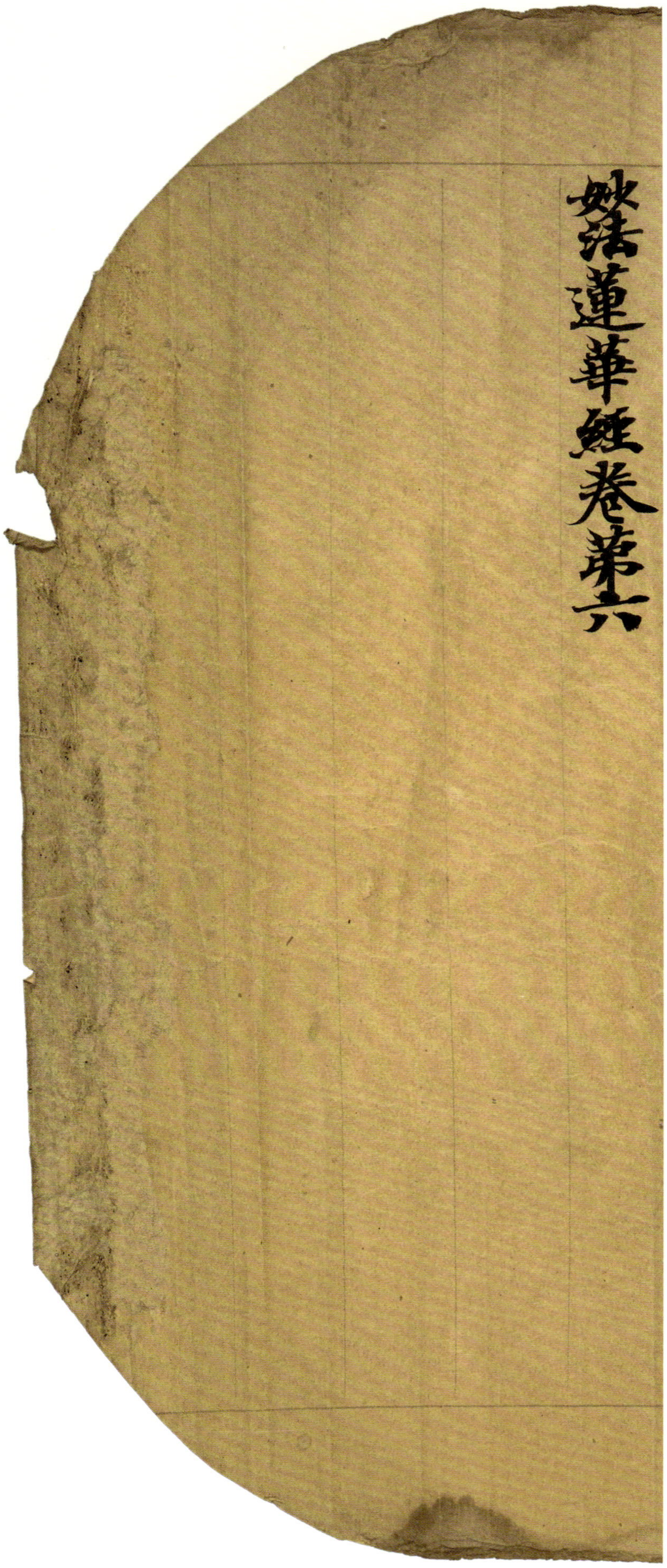
妙法蓮華經卷第六

BD00351 大佛頂如來密因修證了義諸菩薩萬行首楞嚴經卷五

（唐）般剌蜜帝 譯

511.1cm × 25.8cm

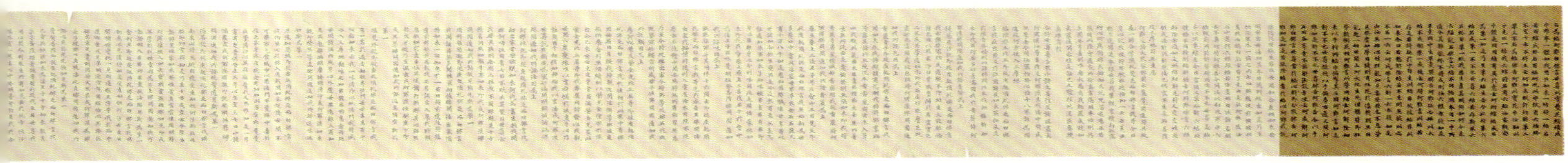

名爲結何難白佛言世尊此寶疊花緝績成
巾雖本一體如我思惟如來一綰得一結名
若百綰成終名百結何況此巾秖有六結終
不至七亦不停五云何如來秖許初時第二
第三不名爲結佛告阿難此寶花巾汝知此
巾元止一條我六綰時名有六結汝審觀察
巾體是同因結有異於意云何初綰結成名
爲第一如是乃至第六結生吾今欲將第六
結名成第一不不也世尊六結若存斯第六
名終非第一縱我歷生盡其明辯如何令是
六結亂名佛言六結不同循顧本因一巾所
造令其雜亂終不得成則汝六根亦復如是
畢竟同中生畢竟異佛告阿難汝必嫌此六

存是非鋒起於中自生此結非彼彼結非此
如來今日若總解除結若不生則無彼此尚
不名一六云何成佛言六解一亡亦復如是
由汝無始心性狂亂知見妄發發妄不息勞
見發塵如勞目睛則有狂花於湛精明無因
亂起一切世間山河大地生死涅槃皆即狂
勞顛倒花相阿難言此勞同結云何解除如
來以手將所結巾偏掣其左問阿難言如是
解不不也世尊旋復以手偏牽右邊又問阿
難如是解不不也世尊佛告阿難吾今以手
左右各牽竟不能解汝設方便云何成解阿
難白佛言世尊當於結心解即分散佛告阿
難如是如是若欲除結當於結心阿難我說

BD00351　大佛頂如來密因修證了義諸菩薩萬行首楞嚴經卷五

難白佛言世尊當於結心解即分散佛告阿
難如是如是若欲除結當於結心阿難我說
佛法從因緣生非取世間和合麁相如來發
明世出世法知其本因隨所緣出如是乃至
恒沙界外一滴之雨亦知頭數現前種種松
直棘曲鵠白烏玄皆了元由是故阿難隨汝
心中選擇六根根結若除塵相自滅諸妄銷
亡不真何待阿難吾今問汝此劫波羅巾六
結現前同時解縈得同除不不也世尊是結
本以次第綰生今日當須次第而解六結同
體結不同時則結解時云何同除佛言六根
解除亦復如是此根初解先得人空空性圓
明成法解脫解脫法已俱空不生是名菩薩

阿難及諸大衆蒙佛開示慧覺圓通得無疑
惑一時合掌頂礼雙足而白佛言我等今日
身心皎然快得無礙雖復悟知一六亡義然
猶未達圓通本根世尊我輩飄零積劫孤露
何心何慮預佛天倫如失乳兒忽遇慈母若
復因此際會道成所得密言還同本悟則與
未聞無有差別唯垂大悲惠我秘嚴成就如
來冣後開示作是語已五體投地退藏密機
兾佛冥授
尒時世尊普告衆中諸大菩薩及諸漏盡大
阿羅漢汝等菩薩及阿羅漢生我法中得成
無學吾今問汝冣初發心悟十八界誰為圓
通從何方便入三摩地
憍陳那五比丘即從座起頂礼佛足而白佛

BD00351 大佛頂如來密因修證了義諸菩薩萬行首楞嚴經卷五

從何方便入三摩地
憍陳那五比丘即從座起頂礼佛足而白佛
言我在鹿苑及於雞園觀見如來最初成道
於佛音聲悟明四諦佛問比丘我初稱解如
來印我名阿若多妙音密圓我於音聲得阿
羅漢佛問圓通如我所證音聲為上
優婆尼沙陀即從座起頂礼佛足而白佛言
我亦觀佛最初成道觀不淨相生大厭離悟
諸色性以從不淨白骨微塵歸於虛空空色
二無成無學道如來印我名尼沙陀塵色既
盡妙色密圓我從色相得阿羅漢佛問圓通
如我所證色因為上
香嚴童子即從座起頂礼佛足而白佛言我
聞如來教我諦觀諸有為相我時辭佛宴晦

清齋見諸比丘燒沉水香香氣寂然來入鼻
中我觀此氣非木非空非煙非火去無所著
來無所從由是意銷發明無漏如來印我得
香嚴號塵氣倏滅妙香密圓我從香嚴得阿
羅漢佛問圓通如我所證香嚴為上
藥王藥上二法王子并在會中五百梵天即
從座起頂禮佛足而白佛言我無始劫為世
良醫口中嘗此娑婆世界草木金石名數凡
有十万八千如是悉知苦酢鹹淡甘辛等味
并諸和合俱生變異是冷是熱有毒無毒悉
能遍知承事如來了知味性非空非有非即
身心非離身心分別味因從是開悟蒙佛如
來印我昆季藥王藥上二菩薩名今於會中
為法王子因味覺明位登菩薩佛問圓通如

BD00351　大佛頂如來密因修證了義諸菩薩萬行首楞嚴經卷五

印我昆季藥王藥上二菩薩名今於會中
為法王子因味覺明位登菩薩佛問圓通如
我所證味因為上
跋陀婆羅并其同伴十六開士即從座起頂
礼佛足而白佛言我等先於威音王佛聞法
出家於浴僧時隨例入室忽悟水因既不洗
塵亦不洗體中間安然得無所有宿習無忘
乃至今時從佛出家今得無學彼佛名我跋
陀婆羅妙觸宣明成佛子住佛問圓通如我
所證觸因為上
摩訶迦葉及紫金光比丘尼等即從座起頂
礼佛足而白佛言我於往劫於此界中有佛
出世名日月燈我得親近聞法脩學佛滅度
後供養舍利然燈續明以紫光金塗佛形像

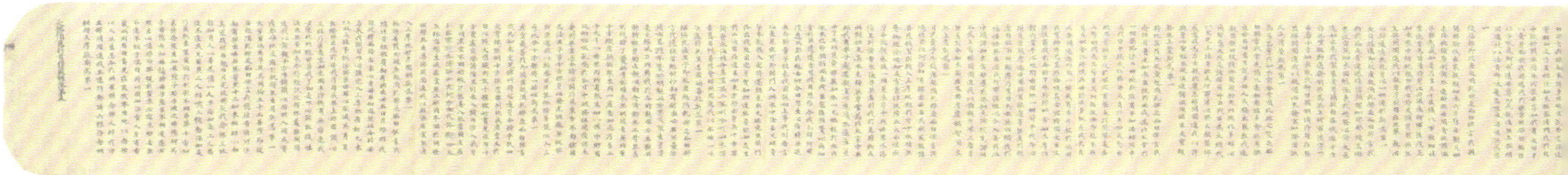

紫金光比丘尼等即我眷屬同時發心我觀
世間六塵變壞唯以空寂脩於滅盡身心乃
能度百千劫猶如彈指我以空法成阿羅漢
世尊說我頭陁為最妙法開明銷滅諸漏佛
問圓通如我所證法因為上
阿那律陁即從座起頂礼佛足而白佛言我
初出家常樂睡眠如來訶我為畜生類我聞
佛訶啼泣自責七日不眠失其雙目世尊示
我樂見照明金剛三昧我不因眼觀見十方
精真洞然如觀掌果如來印我成阿羅漢佛
問圓通如我所證旋見循元斯為第一
周利槃特迦即從座起頂礼佛足而白佛言
我闕誦持無多聞性最初值佛聞法出家憶

BD00351　大佛頂如來密因修證了義諸菩薩萬行首楞嚴經卷五

周利槃特迦即從座起頂礼佛足而白佛言
我闕誦持無多聞性最初值佛聞法出家憶
持如來一句伽陀於一百日得前遺後得後
遺前佛愍我愚教我安居調出入息我時觀
息微細窮盡生住異滅諸行剎那其心豁然
得大無礙乃至漏盡成阿羅漢住佛座下印
成無學佛問圓通如我所證返息循空斯為
第一
驕梵鉢提即從座起頂礼佛足而白佛言我
有口業於過去劫輕弄沙門世世生生有牛
呞病如來示我一味清淨心地法門我得滅
心入三摩地觀味之知非體非物應念得超
世間諸漏內脫身心外遺世界遠離三有如
鳥出籠離垢消塵法眼清淨成阿羅漢如來

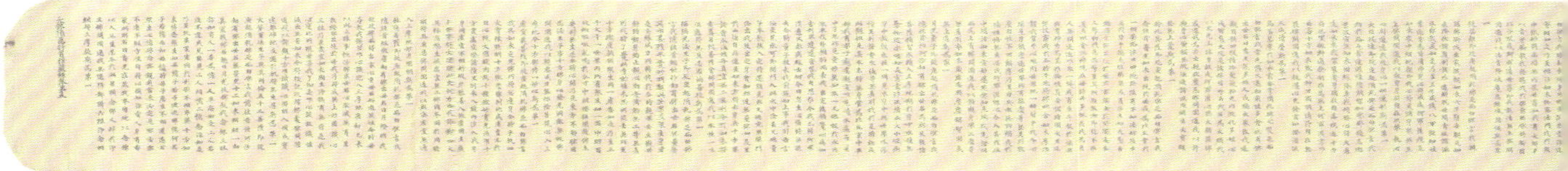

親印登無學道佛問圓通如我所證還味旋

知斯為第一

畢陵伽婆蹉即從座起頂礼佛足而白佛言

我初發心從佛入道數聞如來說諸世間不

可樂事乞食城中心思法門不覺路中毒刺

傷足舉身疼痛我念有知知此深痛雖覺覺

痛覺清淨心無病痛覺我又思惟如是一身

寧有雙覺攝念未久身心忽空三七日中諸

漏虛盡成阿羅漢得親印記發明無學佛

問圓通如我所證純覺遺身斯為第一

須菩提即從座起頂礼佛足而白佛言我曠

劫來心得無礙自憶受生如恒河沙初在母

胎即知空寂如是乃至十方成空亦令衆生

證得空性蒙如來發性覺真空空性圓明得

BD00351　大佛頂如來密因修證了義諸菩薩萬行首楞嚴經卷五

胎即知空寂如是乃至十方成空亦令衆生
證得空性家如来發性覺真空空性圓明得
阿羅漢頓入如来寶明空海同佛知見印成
無學解脱性空我為無上佛問圓通如我所
證諸相入非非所非盡旋法歸無斯為第一
舍利弗即從座起頂礼佛足而白佛言我曠
劫来心見清淨如是受生如恒河沙世出世
間種種變化一見則通獲無障㝵我於路中
逢迦葉波兄弟相逐宣説因緣悟心無際從
佛出家見覺明圓得大無畏成阿羅漢為佛
長子從佛口生從法化生佛問圓通如我所
證心見發光光極知見斯為第一
普賢菩薩即從座起頂礼佛足而白佛言我
已曾與恒沙如来為法王子十方如来教其

用心聞分別衆生所有知見若於他方恒沙
界外有一衆生心中發明普賢行者我於尒
時乘六牙象分身百千皆至其處縱彼障深
未合見我我與其人暗中摩頂擁護安慰令
其成就佛問圓通我說本因心聞發明分別
自在斯為第一
孫陁羅難陁即從座起頂禮佛足而白佛言
我初出家從佛入道雖具戒律於三摩提心
常散動未獲無漏世尊教我及俱絺羅觀鼻
端白我初諦觀經三七日見鼻中氣出入如
煙身心內明圓洞世界遍成虛淨猶如瑠璃
煙相漸銷鼻息成白心開漏盡諸出入息化
為光明照十方界得阿羅漢世尊記我當得

BD00351　大佛頂如來密因修證了義諸菩薩萬行首楞嚴經卷五

煙相漸銷鼻息成白心開漏盡諸出入息化
為光明照十方界得阿羅漢世尊記我當得
菩提佛問圓通我以銷息息久發明明圓滅
漏斯為第一
富樓那彌多羅尼子即從座起頂禮佛足而
白佛言我曠劫來辯才無礙宣說苦空深達
實相如是乃至恒沙如來秘密法門我於衆
中微妙開示得無所畏世尊知我有大辯才
以音聲輪教我發揚我於佛前助佛轉輪因
師子吼成阿羅漢世尊印我說法無上佛問
圓通我以法音降伏魔怨銷滅諸漏斯為第
一
優婆離即從座起頂禮佛足而白佛言我親

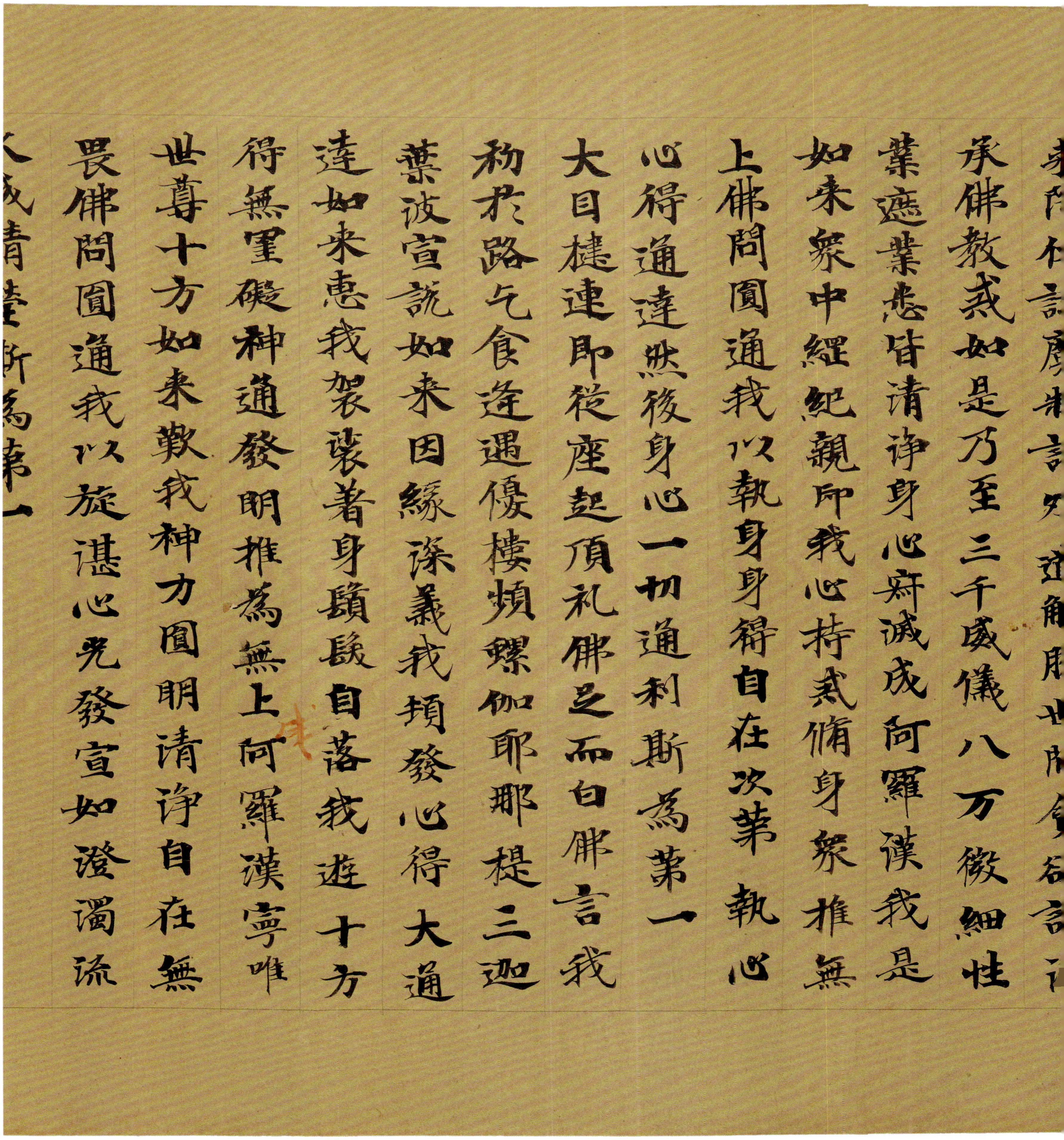

承佛教戒如是乃至三千威儀八万微細性
業遮業悉皆清淨身心寂滅成阿羅漢我是
如來衆中綱紀親印我心持戒脩身衆推無
上佛問圓通我以執身身得自在次第執心
心得通達然後身心一切通利斯為第一
大目揵連即從座起頂礼佛足而白佛言我
初於路乞食逢遇優樓頻螺伽耶那提三迦
葉波宣說如來因緣深義我頓發心得大通
達如來恵我袈裟著身鬚髮自落我遊十方
得無罣礙神通發明推為無上阿羅漢寧唯
世尊十方如來歎我神力圓明清淨自在無
畏佛問圓通我以旋湛心光發宣如澄濁流
久成清瑩斯為第一

BD00351　大佛頂如來密因修證了義諸菩薩萬行首楞嚴經卷五

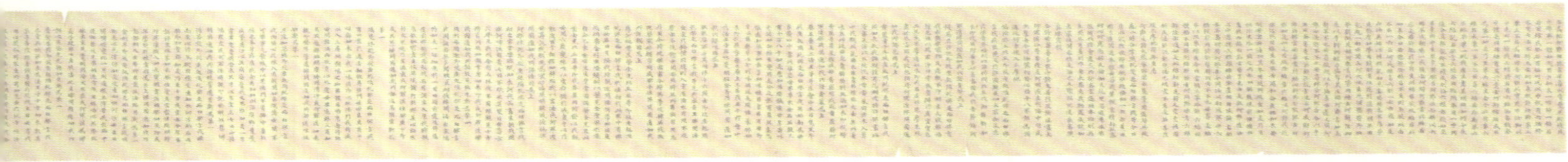

尊佛問圓通我以旋湛心光發宣如澄濁流
久成清瑩斯為第一
烏芻瑟摩於如來前合掌頂禮佛之雙足而
白佛言我常先憶久遠劫前性多貪欲有佛
出世名曰空王說多婬人成猛火聚教我遍
觀百骸四肢諸冷煖氣神光內凝化多婬心
成智慧火從是諸佛皆呼召我名為火頭我
以火光三昧力故成阿羅漢心發大願諸佛
成道我為力士親伏魔怨佛問圓通我以諦
觀身心煖觸無礙流通諸漏既銷生大寶燄
登無上覺斯為第一
持地菩薩即從座起頂禮佛足而白佛言我
念往昔普光如來出現於世我為比丘常於
一切要路津口田地險隘有不如法妨損

經無量佛出現於世或有衆生於闤闠處要
人擎物我先為擎至其所詣放物即從不取
其直毗舍浮佛現在世時世多飢荒我為負
人無問遠近唯取一錢或有車牛被於泥溺
我有神力為其推輪拔其苦惱時國大王延
佛設齋我於爾時平地待佛毗舍如來摩頂
謂我當平心地則世界地一切皆平我即心
開見身微塵造世界所有微塵等無差別微
塵自性不相觸摩乃至刀兵亦無所觸我於
法性悟無生忍成阿羅漢迴心今入菩薩位
中聞諸如來宣妙蓮花佛知見地我先證明
而為上首佛問圓通我以諦觀身界二塵等
無差別本如來藏虛妄發塵塵銷智圓成

BD00351　大佛頂如來密因修證了義諸菩薩萬行首楞嚴經卷五

而為上首佛問圓通我以諦觀身界二塵等
無差別本如來藏虛妄發塵塵銷智圓成
無上道斯為第一
月光童子即從座起頂禮佛足而白佛言我
憶往昔恒河沙劫有佛出世名為水天教諸
菩薩脩習水精入三摩地觀於身中水性無
奪初從涕唾如是窮盡津液精血大小便利
身中旋復水性一同見水身中與世界外浮
幢王剎諸香水海等無差別我於是時初成
此觀但見其水未得無身當為比丘室中安
禪我有弟子窺窻觀室唯見清水遍在屋
中了無所見童稚無知取一瓦礫投於水內
激水作聲顧盼而去我出定後頓覺心痛如
舍利弗遭違害鬼我自思惟今我已得阿羅

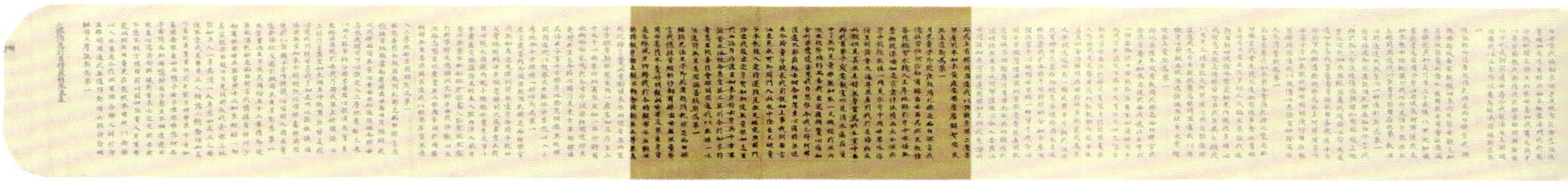

漢道久離病緣云何今日忽生心痛將無退
失尒時童子捷來我前說如上事我則告言
汝更見水可即開門入此水中除去瓦礫童
子奉教後入定時還復見水瓦礫宛然開門
除出我後出定身質如初逢無量佛如是至
於山海自在通王如來方得亡身與十方界
諸香水海性合真空無二無別今於如來得
童真名預菩薩會佛問圓通我以水性一味
流通得無生忍圓滿菩提斯為第一
瑠璃光法王子即從座起頂禮佛足而白佛
言我憶往昔經恒沙劫有佛出世名無量聲
開示菩薩本覺妙明觀此世界及衆生身皆
是妄緣風力所轉我於尒時觀界安立觀世
動時觀身動止觀心動念諸動無二等無差

是妄緣風力所轉我於尒時觀界安立觀世
動時觀身動止觀心動念諸動無二等無差
別我時了覺此羣動性來無所從去無所至
十方微塵顛倒衆生同一虛妄如是乃至三
千大千一世界內所有衆生如一器中貯百
蚊蚋啾啾亂鳴於分寸中鼓發狂鬧逢佛未
幾得無生忍尒時心開乃見東方不動佛國
為法王子事十方佛身心發光洞徹無礙佛
問圓通我以觀察風力無依悟菩提心入三
摩地合十方佛傳一妙心斯為第一
虛空藏菩薩即從座起頂禮佛足而白佛言
我與如來定光佛所得無邊身尒時手執四
大寶珠照明十方微塵佛剎化成虛空又於
自心現大圓鏡內放十種微妙寶光流灌十

方盡虛空際諸幢王剎來入鏡內涉入我身
身同虛空不相妨礙身能善入微塵國土廣
行佛事得大隨順此大神力由我諦觀四大
無依忘想生滅虛空無二佛國本同於同發
明得無生忍佛問圓通我以觀察虛空無邊
入三摩地妙力圓明斯為第一
彌勒菩薩即從座起頂礼佛足而白佛言我
憶往昔經微塵劫有佛出世名日月燈明我
從彼佛而得出家心重世名好遊族姓尒時世
尊教我脩習唯心識定入三摩地歷劫已來
以此三昧事恒沙佛求世名心歇滅無有至
然燈佛出現於世我乃得成無上妙圓識心
三昧乃至盡空如來國土淨穢有無皆是我
心變化所現世尊我了如是唯心識故識性

三昧乃至盡空如來國土淨穢有無皆是我
心變化所現世尊我了如是唯心識故識性
流出無量如來今得授記次補佛處佛問圓
通我以諦觀十方唯識識心圓明入圓成實
遠離依他及遍計執得無生忍斯為第一
大勢至法王子與其同倫五十二菩薩即從
座起頂禮佛足而白佛言我憶往昔恒河沙
劫有佛出世名無量光十二如來相繼一劫
其最後佛名超日月光彼佛教我念佛三昧
譬如有人一專為憶一人專忘如是二人若
逢不逢或見非見二人相憶二憶念深如是
乃至從生至生同於形影不相乖異十方如
來憐念衆生如母憶子若子逃逝雖憶何為
子若憶母如母憶時母子歷生不相違遠若

衆生心憶佛念佛現前當來必定見佛去佛
不遠不假方便自得心開如染香人身有香
氣此則名曰香光莊嚴我本因地以念佛
心入無生忍今於此界攝念佛人歸於淨
土佛問圓通我無選擇都攝六根淨念相
繼得三摩提斯為第一

大佛頂萬行首楞嚴經卷第五

BD00351　大佛頂如來密因修證了義諸菩薩萬行首楞嚴經卷五

BD00352

妙法蓮華經卷三

（後秦）鳩摩羅什 譯

246.3cm × 26.3cm

說法種種無量[illegible]
生聞是法已現世[illegible]善處以道受樂
亦得聞法既聞法已離諸鄣礙於諸法中任
力所能漸得入道如彼大雲雨於一切卉木
叢林及諸藥草如其種性具足蒙潤各得生
長如來說法一相一味所謂解脫相離相滅
相究竟至於一切種智其有衆生聞如來法
若持讀誦如說脩行所得功德不自覺知所
以者何唯有如來知此衆生種相體性念何
事思何事脩何事云何念云何思云何脩以
何法念以何法思以何法脩以何法得何法
衆生住於種種之地唯有如來如實見之明
了無礙如彼卉木叢林諸藥草等而不自知

脫相離相滅相究竟涅槃常寂滅相終歸於
空佛知是已觀衆生心欲而將護之是故不
即爲說一切種智汝等迦葉甚爲希有能知
如來隨宜說法能信能受所以者何諸佛世
尊隨宜說法難解難知尒時世尊欲重
宣此義而說偈言
破有法王　出現世間　隨衆生欲　種種說法
如來尊重　智慧深遠　久嘿斯要　不務速說
有智若聞　則能信解　無智疑悔　則爲永失
是故迦葉　隨力爲說　以種種緣　令得正見
迦葉當知　譬如大雲　起於世間　遍覆一切
慧雲含潤　電光晃曜　雷聲遠震　令衆悅豫
日光掩蔽　地上清涼　靉靆垂布　如可承攬

慧雲含潤　電光晃曜　雷聲遠震　令衆悅豫
日光掩蔽　地上清涼　靉靆垂布　如可承攬
其雨普等　四方俱下　流澍無量　率土充洽
山川險谷　幽邃所生　卉木藥草　大小諸樹
百穀苗稼　甘蔗蒲桃　雨之所潤　無不豐足
乾地普洽　藥木並茂
其雲所出　一味之水　草木叢林　隨分受潤
一切諸樹　上中下等　稱其大小　各得生長
根莖枝葉　華菓光色　一雨所及　皆得鮮澤
如其體相　性分大小　所潤是一　而各滋茂
佛亦如是　出現於世　譬如大雲　普覆一切
既出于世　為諸衆生　分別演說　諸法之實
大聖世尊　於諸天人　一切衆中　而宣是言
我為如來　兩足之尊　出于世間　猶如大雲

充潤一切　枯槁眾生　皆令離苦　得安隱樂
世間之樂　及涅槃樂
諸天人眾　一心善聽　皆應到此　覲無上尊
我為世尊　無能及者　安隱眾生　故現於世
為大眾說　甘露淨法　其法一味　解脫涅槃
以一妙音　演暢斯義　常為大乘　而作因緣
我觀一切　普皆平等　無有彼此　愛憎之心
我無貪著　亦無限礙　恒為一切　平等說法
如為一人　眾多亦然
常演說法　曾無他事　去來坐立　終不疲厭
充足世間　如雨普潤　貴賤上下　持戒毀戒
威儀具足　及不具足　正見邪見　利根鈍根
等雨法雨　而無懈惓
一切眾生　聞我法者　隨力所受　住於諸地

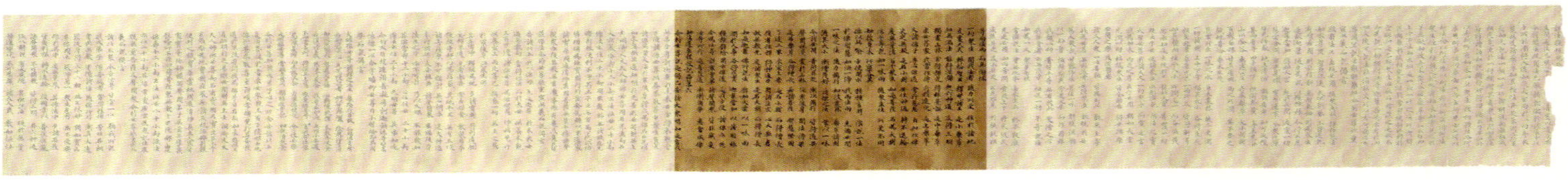

等雨法雨　而無懈惓
一切衆生　聞我法者　隨力所受　住於諸地
或處人天　轉輪聖王　釋梵諸王　是小藥草
知無漏法　能得涅槃　起六神通　及得三明
獨處山林　常行禪定　得緣覺證　是中藥草
求世尊處　我當作佛　行精進定　是上藥草
又諸佛子　專心佛道　常行慈悲　自知作佛
決定無疑　是名小樹　安住神通　轉不退輪
度無量億　百千衆生　如是菩薩　名為大樹
佛平等說　如一味雨　隨衆生性　所受不同
如彼草木　所稟各異
佛以此喻　方便開示　種種言辭　演說一法
於佛智慧　如海一渧　我雨法雨　充滿世間
一味之法　隨力脩行　如彼叢林　藥草諸樹

隨其大小 漸增茂好 諸佛之法 常以一味
令諸世間 普得具足 漸次修行 皆得道果
聲聞緣覺 處於山林 住最後身 聞法得果
是名藥草 各得增長 若諸菩薩 智慧堅固
了達三界 求冣上乘 是名小樹 而得增長
復有住禪 得神通力 聞諸法空 心大歡喜
放無數光 度諸衆生 是名大樹 而得增長
如是迦葉 佛所說法 譬如大雲 以一味雨
潤於人華 各得成實 迦葉當知 以諸因緣
種種譬喻 開示佛道 是我方便 諸佛亦然
今為汝等 說冣實事 諸聲聞衆 皆非滅度
汝等所行 是菩薩道 漸漸修學 悉當成佛

妙法蓮華經授記品第六

尒時世尊說是偈已告諸大衆唱如是言我

妙法蓮華經授記品第六
尒時世尊說是偈已告諸大衆唱如是言我
此弟子摩訶迦葉於未來世當得奉覲三百
万億諸佛世尊供養恭敬尊重讚嘆廣宣
諸佛無量大法於最後身得成爲佛名曰光明
如來應供正遍知明行足善逝世間解無上
士調御丈夫天人師佛世尊國名光德劫名
大莊嚴佛壽十二小劫正法住世二十小劫
像法亦住二十小劫國界嚴飾無諸穢惡瓦
礫荊棘便利不淨其土平正無有高下坑坎堆
阜瑠璃爲地寶樹行列黃金爲繩以界道側散
諸寶華周遍清淨其國菩薩無量千億諸聲
聞衆亦復無數無有魔事雖有魔及魔民皆
護佛法尒時世尊欲重宣此義而說偈言

告諸大衆 我以佛眼 見是迦葉 於未來世
過無數劫 當得作佛 而於來世 供養奉覲
三百万億 諸佛世尊 為佛智慧 淨脩梵行
供養最上 兩足尊已 脩集一切 無上之慧
於最後身 得成為佛
其土清淨 瑠璃為地 多諸寶樹 行列道側
金繩界道 見者歡喜 常出好香 散衆名華
種種奇妙 以為莊嚴 其地平正 無有丘坑
諸菩薩衆 不可稱計 其心調柔 逮大神通
奉持諸佛 大乘經典 諸聲聞衆 無漏後身
法王之子 亦不可計 乃以天眼 不能數知
其佛當壽 十二小劫 正法住世 二十小劫
像法亦住 二十小劫 光明世尊 其事如是
尒時大目揵連須菩提摩訶迦旃延等皆悉

像法亦住二十小劫　光明世尊　其事如是
尒時大目揵連須菩提摩訶迦旃延等皆悉
悚慄一心合掌瞻仰世尊目不暫捨即共同
聲而說偈言
大雄猛世尊　諸釋之法王　哀愍我等故　而賜佛音聲
若知我深心　見為授記者　如以甘露灑　除熱得清涼
如從飢國來　忽遇大王饍　心猶懷疑懼　未敢即便食
若復得王教　然後乃敢食　我等亦如是　每惟小乘過
不知當云何　得佛無上慧　雖蒙佛音聲　言我等作佛
心尚懷憂懼　如未敢便食　若蒙佛授記　尒乃快安樂
大雄猛世尊　常欲安世間　願賜我等記　如飢須教食
尒時世尊知諸大弟子心之所念告諸比丘
是須菩提於當來世奉覲三百万億那由他
佛供養恭敬尊重讚歎常脩梵行具菩薩

道於最後身得成為佛号曰名相如來應供正
遍知明行足善逝世間解無上士調御丈夫
天人師佛世尊劫名有寶國名寶生其土平
正頗梨為地寶樹莊嚴無諸丘坑沙礫荊棘
便利之穢寶華覆地周遍清淨其土人民皆
處寶臺珎妙樓閣聲聞弟子無量無邊筭數
譬喻所不能知諸菩薩衆無數千万億那由他
佛壽十二小劫正法住世二十小劫像法
亦住二十小劫其佛常處虛空為衆說法度
脫無量菩薩及聲聞衆尒時世尊欲重宣此
義而說偈言
諸比丘衆　今告汝等　皆當一心　聽我所說
我大弟子　須菩提者　當得作佛　号曰名相
當供無數　万億諸佛　隨佛所行　漸具大道

當供無數 万億諸佛 隨佛所行 漸具大道
最後身得 三十二相 端正殊妙 猶如寶山
其佛國土 嚴淨第一 衆生見者 無不愛樂
佛於其中 度無量衆 其佛法中 多諸菩薩
皆悉利根 轉不退輪 彼國常以 菩薩莊嚴
諸聲聞衆 不可稱數 皆得三明 具六神通
住八解脫 有大威德 其佛說法 現於無量
神通變化 不可思議 諸天人民 數如恒沙

BD00353

金剛般若波羅蜜經

（後秦）鳩摩羅什 譯

109.4cm × 26.2cm

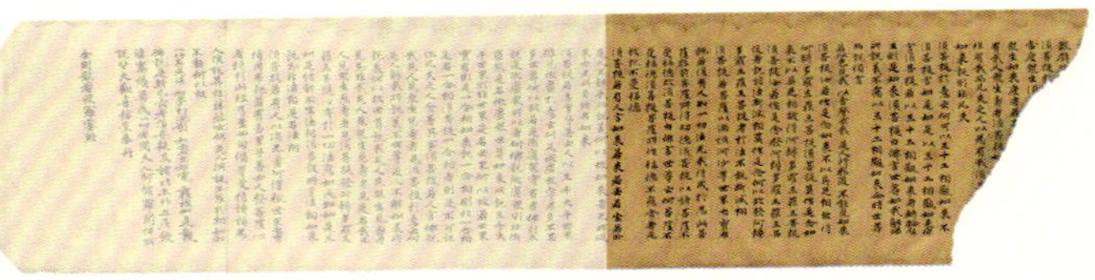

數譬喻
須菩提於
當度衆生須
衆生如来度者若有
有我人衆生壽者須菩提如
非有我而凡夫之人以為有我須菩
如来說則非凡夫
須菩提於意云何可以三十二相觀如来不
須菩提言如是如是以三十二相觀如来佛
言須菩提若以三十二相觀如来者轉輪聖
王則是如来須菩提白佛言世尊如我解佛
所說義不應以三十二相觀如来尒時世尊
而說偈言

若以色見我以音聲求我是人行邪道不能見如来
須菩提汝若作是念如来不以具足相故得
阿耨多羅三藐三菩提須菩提莫作是念如
来不以具足相故得阿耨多羅三藐三菩提
須菩提汝若作是念發阿耨多羅三藐三菩
提者說諸法斷滅相莫作是念何以故發阿耨
多羅三藐三菩提者於法不說斷滅相
須菩提若菩薩以滿恒河沙等世界七寶布
施若復有人知一切法无我得成於忍此菩
薩勝前菩薩所得功德須菩提以諸菩薩不
受福德故須菩提白佛言世尊云何菩薩不
受福德須菩提菩薩所作福德不應貪著是
故說不受福德
須菩提若有人言如来若来若去若坐若卧

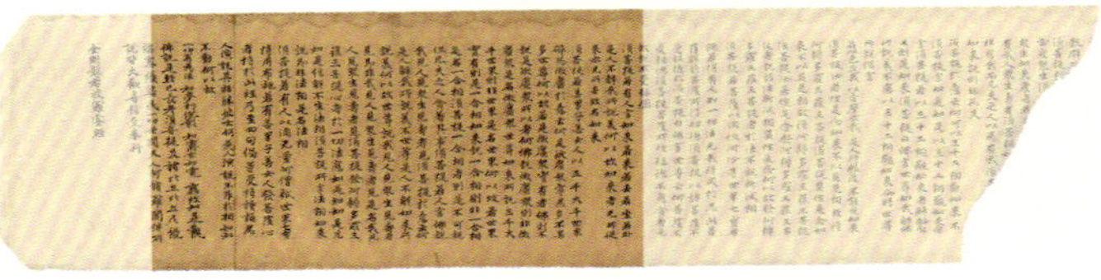

故說不受福德
須菩提若有人言如来若来若去若坐若卧
是人不解我所說義何以故如来者无所從
来亦无所去故名如来
須菩提若善男子善女人以三千大千世界
碎為微塵於意云何是微塵衆寧為多不甚
多世尊何以故若是微塵衆實有者佛則不
說是微塵衆所以者何佛說微塵衆則非微
塵衆是名微塵衆世尊如来所說三千大
千世界則非世界是名世界何以故若世界
實有則是一合相如来說一合相則非一合相
是名一合相須菩提一合相者則是不可說
但凡夫之人貪著其事須菩提若人言佛說
我見人見衆生見壽者見須菩提於意云何
是人解我所說義不世尊是人不解如来所

說義何以故世尊說我見人見衆生見壽者
見即非我見人見衆生見壽者見是名我見
人見衆生見壽者見須菩提發阿耨多羅三
藐三菩提心者於一切法應如是知如是見
如是信解不生法相須菩提所言法相如来
說即非法相是名法相
須菩提若有人以滿无量阿僧祇世界七寶
持用布施若有善男子善女人發菩薩心
者持於此經乃至四句偈等受持讀誦為
人演說其福勝彼云何為人演說不取於相如如
不動何以故
一切有為法　如夢幻泡影　如露亦如電　應作如是觀
佛說是經已長老須菩提及諸比丘比丘尼優
婆塞優婆夷一切世間天人阿脩羅聞佛所

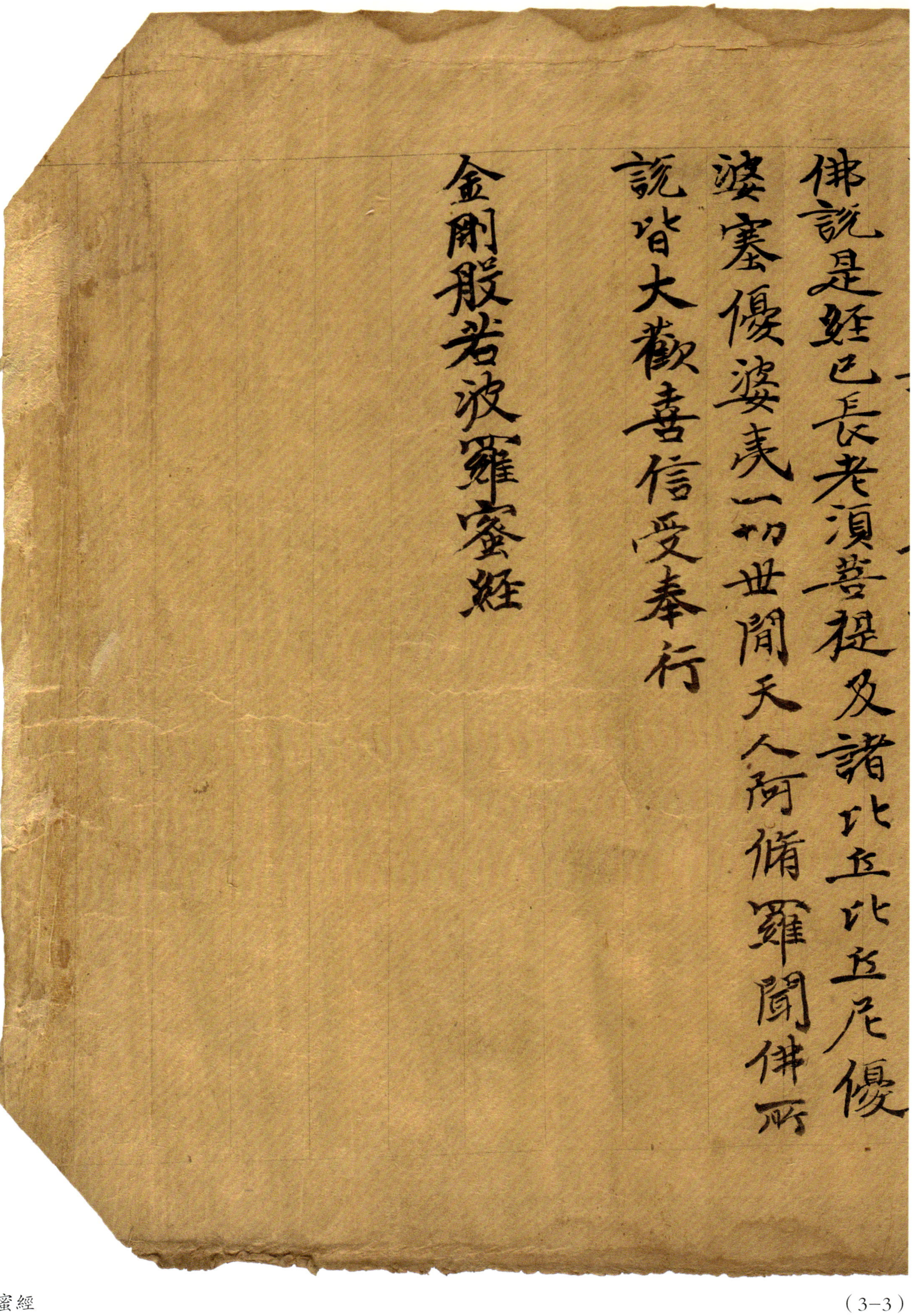

佛說是經已長老須菩提及諸比丘比丘尼優
婆塞優婆夷一切世間天人阿脩羅聞佛所
說皆大歡喜信受奉行

金剛般若波羅蜜經